Sylt
entdecken, erleben, genießen

Sylt

entdecken, erleben, genießen

herausgegeben von Gerhard Richter

Ellert & Richter Verlag

Inhalt

6 Vorwort

8 Landschaft im Licht
fotografiert von Siegfried Layda

Sylt entdecken

26 Unter Reet. Das Friesenhaus
von Georg Quedens

46 Ein Wellenbrecher für Schleswig-Holsteins
Küste. Sturmfluten auf Sylt
von Ekkehard Klatt

70 Wo die Avantgarde baden ging
von Kristine von Soden

84 Nacktbaden auf Sylt

88 Wolkenbogen ziehen krönend
Sylt in der Malerei der Gegenwart
von Thomas Gädeke

106 Das Watt in Kampen
fotografiert von Heinz Teufel

110 Mein Keitum
von Karin Jacobs-Zander

128 „Ich will zurück nach Westerland"

138 Rund um Morsum. Von Amazonen,
Kliffkanten und Sprachjuwelen
von Matthias M. Machan

152 Rund um die Hörnum-Odde. Naturtheater
von Matthias M. Machan

Sylt erleben

168 Radtour in den stillen Süden
Westerland – Rantum – Hörnum – Rantum –
Tinnum – Westerland
von Hans-Dieter Reinke

178 Wanderung rund um Kampen
    Dünen, Heide und Meer
    von Holger Schulz
192 50 Jahre geplant. Der Hindenburgdamm
196 Die Sylter Sahara. Wie im Mittelpunkt der Welt
    von Hermann Schreiber
208 Emma Sturzflug. Möwen-Hitchcock
    in Westerland
    von Emanuel Eckardt
216 Wellen, Watt und Wissenschaft. Die Watten-
    meerstation und das Erlebniszentrum
    Naturgewalten
    von Hans-Dieter Reinke
236 Der richtige Augenblick. Sylt-Krimi
    von Gisa Pauly
250 Sylt im Winter
    fotografiert von Siegfried Layda

Sylt genießen

262 Wie Sylt schmeckt:
    Kräuterreich. Salzig. Jodig. Nass
    Ein Besuch bei Sterne-Koch Johannes King
    von Matthias M. Machan
270 Auf leichte Art den (Sylter) Sommer schmecken
    Rezepte von Johannes King

66 Tipps

279 Von Baden bis Wellenreiten, von List bis Hörnum

312 Register
318 Bildnachweis, Impressum
320 Karte

Vorwort

Was zieht uns an Sylt so magisch an? Warum beglückten den berühmten Maler Emil Nolde der salzige Geschmack, die tosenden Wogen so sehr, dass er „wie ein Trunkener stundenlang den Strand entlang oder durch den flüssigen Sand der Dünen" lief?

Sylt ist zweifellos die schönste und eigenartigste Insel Deutschlands. Das macht schon ihre besondere Form aus, schmal und lang liegt sie im Meer, mit einem kleinen Haken Richtung Osten.

Über viele Kilometer stemmt sich der Weststrand gegen die Gewalt der Fluten, seine Steilküsten und Dünengebirge sind immer wieder von Sturm und Hochwasser bedroht.

Sind es jene Naturgewalten, das Meer, die Ebbe und die Flut, die uns in den Bann der Insel ziehen? Ist es der fast immer wehende Westwind, der es überall, in jedem Winkel nach Meer riechen lässt? Oder ist es das Baden in brausender Brandung an lichtdurchfluteten warmen Sommertagen?

Fakt ist, Sylt kann euphorisierend wie Champagner wirken, ein Hochgefühl vermitteln, das auf dem Hindenburgdamm oder der Fähre beginnt und uns nicht mehr loslässt, solange wir uns auf der Insel aufhalten.

Zu ihrem Flair gehört nicht nur die herausragende geografische Lage, es sind vor allem die besonderen Orte, die Sylt das geben, was man Ausstrahlung, Charakter nennt. Es sind Naturwunder wie das Morsum-Kliff, die Lister Dünen oder die Hörnum-Odde, es sind aber auch die Oasen der Erholung, die Sylt so liebens- und lebenswert machen.

Sylt ist nicht nur Natur, nicht nur Stille – es ist auch laut und szenig. Die Friedrichstraße in Westerland unterscheidet sich – bis auf das Edelpflaster – kaum von anderen Einkaufsmeilen in Deutschland, und das Publikum auf bestimmten Straßen in Kampen erinnert an die „Kö" in Düsseldorf.

Wir möchten Ihnen Sylt so präsentieren, wie Sie es kennen und mögen, und gleichzeitig Neues zeigen, Orte und Ecken, die selbst Sylt-Liebhaber vielleicht noch nicht entdeckt haben. Dabei blicken wir auch zurück auf die guten alten Zeiten, die vielleicht nicht immer so gut waren, wie sie sich in der Erinnerung darstellen. Unsere Sylt-Kenner werden die stillen Winkel der Insel für Sie aufspüren und beschreiben, Sie auf einer Radtour in den stillen Süden begleiten und zu einer Wanderung rund um Kampen animieren. Wir erzählen von berühmten Künstlern und Schriftstellern und stellen Ihnen die bekanntesten Sylt-Maler der Gegenwart vor. Sie erfahren das Neueste aus Wissenschaft und Forschung, über Küstenschutz und Sandaufspülungen. Auch die Traditionen der alten Friesen kommen nicht zu kurz. Dass Sylt auch kräuterreich, salzig, jodig und nass schmeckt, vermittelt ein Besuch beim 2-Sterne-Koch Johannes King, der Ihnen sein Sommer-Menü präsentiert.

Entdecken, erleben und genießen Sie Sylt – mit all Ihren Sinnen.

Ihr
Gerhard Richter

Landschaft im Licht

fotografiert von Siegfried Layda

Warum Sylt? ... das war so ungefähr mein erster Gedanke bei meinem ersten Besuch auf der Insel. Hier empfingen mich keine Steilfelsen wie auf Island, keine üppige Vegetation wie auf äquatornahen Eilanden. Weshalb versuchte ich hier eine fotografische Herausforderung zu meistern, die anderswo so viel leichter schien?

Es war also nicht unbedingt Liebe auf den ersten Blick – aber wie so oft: Die Liebe auf den zweiten hält besser. Bald spürte ich, wie sehr hier die Fotografie von Tages- und auch Jahreszeiten abhängig ist, welch großartiges Licht sich mir hier immer wieder darbietet. Jedes späte Aufstehen rächt sich mit dem Verlust potenzieller eindrucksvoller Bilder. Sonne und Wolken, Wind und Gezeiten, Seeseite oder Watt – alles beeinflusst unmittelbar die Fotografie, stärker als sonst irgendwo. Hier herrscht eben ein Reizklima – für alle Sinne.

Zur richtigen Zeit am richtigen Ort zu sein wurde auf Sylt für mich zum bildgestalterischen Element und zur stetigen Herausforderung. Die damit verbundenen langen Wanderungen gestatten immer wieder auch die unmittelbare Auseinandersetzung mit der Natur und den Fotografien. Die Insel ist für mich kein Terrain für schnelle Schnappschüsse. Das große Aufnahmeformat und das Stativ sind hier angemessen.

Was ich zunächst kaum für möglich gehalten hätte: Ich liebe Sylt inzwischen zu jeder Jahreszeit.

Siegfried Layda

Der Kilometerstein an der Westerländer Kurpromenade verrät die Entfernung: 516 Kilometer sind es bis Berlin – die Stadt, in der ich geboren wurde und heute wieder lebe. Nach technischer Ausbildung (Fachstudium), einer größeren Anzahl Jobs und zehn Jahren Auslandsaufenthalt war ich von der Fotografie und deren kreativen Möglichkeiten immer mehr fasziniert. Technik und Ingenieurwesen interessierten mich nach wie vor, waren aber nicht mein(e) Beruf(ung). 1988 wagte ich den Schritt als „Seiteneinsteiger" in die Fotografie und in die Selbstständigkeit. Seitdem sind Verlage und Redaktionen, Werbe- und Agenturaufträge, Bildstrecken in Zeitschriften, Bücher und Kalender „meine Welt". Inzwischen ist auch für mich die digitale Fotografie an die Stelle des analogen Groß- und Mittelformats getreten – der Computer ersetzte fortan die Dunkelkammer.

Das berühmte Rote Kliff vor Kampen ist ein Erkennungsmerkmal der Insel. Mehr als 30 Meter hoch ist seine Steilkante. Hier trifft die See direkt auf den Geestkern, dem die Insel ihr Dasein verdankt. Und die Abendsonne macht das Kliff zu einem mystischen Ort.

Sylt ist auch ein Mekka für die Surfer. Insbesondere vor Westerland kommt es jedes Jahr zum großen Showdown. Am Brandenburger Strand zeigen die weltbesten Surfer atemberaubende Akrobatik und spannende Wettkämpfe beim Windsurf World Cup Sylt, der ab Ende September vor großem Publikum ausgetragen wird.

In Keitum, das im historischen Ortskern noch seine Ursprünglichkeit bewahrt hat, sind viele Wohn- und Wirtschaftsgebäude der Friesen erhalten geblieben. Typische Merkmale des Friesenhauses sind die Ost-West-Ausrichtung, die Ständerbauweise und das mit Reet gedeckte Dach. Ein besonders gelungenes Beispiel altfriesischer Baukunst steht im Frachtenstegelk.

Vom Meeresrauschen begleitet verläuft ein abenteuerlicher Wanderweg von Wenningstedt bis Kampen oberhalb des berühmten Roten Kliffs durch eine einmalige Dünenlandschaft. Besonders schön ist es hier am frühen Morgen und kurz vor Sonnenuntergang.

Sonnenuntergang am Weststrand der Hörnum-Odde. Die überwältigende Schönheit dieser Landschaft wird bestimmt durch den ewigen Rhythmus der Gezeiten. Keiner hat diese Stimmung besser wiedergegeben als der Maler Emil Nolde, der auch auf Sylt gearbeitet hat: „Wie ein Trunkener lief ich stundenlang den Strand entlang …"

Im äußersten Zipfel des Ellenbogens stehen zwei kleine
Leuchttürme, deren Licht noch
heute den Schiffen den Weg
weist. Das hier abgebildete
Leuchtfeuer List Ost ist rot-weiß
gestreift und 13,6 Meter hoch,
List West ist weiß und das nördlichste Gebäude Deutschlands.
Beide sind für die Öffentlichkeit
nicht zugänglich.

Landschaft im Licht. „Die
Wogen, ihr Grollen, die Wolken
vor und über mir, der Strand, die
Dünen, das graue Gras, es war
alles mein."
Emil Nolde

Sylt
entdecken

Der Strandhafer ist die dominie-
rende Pflanze in der sandigen
Küstenzone. Tief wurzelt er im
Sand. Wo Dünen „befestigt" werden sollen, werden sie mit Strandhafer bepflanzt.

Unter Reet
Das Friesenhaus
von Georg Quedens

Ein Friesenhaus besticht durch die Harmonie seiner Gestalt. Wände und Dach sind in ihrem Verhältnis zueinander auf gelungene Weise ausgewogen. Sprossenfenster und handwerklich gestaltete Türen strahlen Gemütlichkeit aus. Das Haus und seine landschaftsgebundenen Baustoffe leben und laden zum Wohnen ein. Die Harmonie der Architektur ist ein schöner Anblick, der Freude bereitet, und dieses Empfinden ist umso größer, je plumper und geschmackloser die neueren Bauwerke der Gegenwart sind.

Friesenhaus in Westerland mit dem auf Sylt typischen Spitzgiebel.

Die Schönheit der friesischen Baugestaltung beginnt schon an der Grundstücksgrenze mit dem aus Feldsteinen und Findlingen aufgesetzten und mit Erde und Gras durchwachsenen Wall. Diese Steinmauern sind eine uralte Form der Grenzen von Baugrundstücken und Gärten. Wo Steine fehlen, sind die Wälle oft auch aus bloßer Erde aufgeworfen und mit Grassoden abgedeckt.

Hinter diesem sogenannten Friesenwall, der etwa einen Meter hoch das ganze Grundstück, mindestens aber die Straßenfront umschließt, liegt der Garten mit grünen Rasenflächen und Obstbäumen. Bäume, die schnell wachsen und genügsam sind, wie Pappeln und Weiden, zeigen an der West- und Wetterseite eine deutliche „Windschnur"; das langsame Ansteigen der Kronen, wobei die innen stehenden den Schutz der äußeren nutzen.

Vereinzelt führen noch Wege dicht gesetzter Feldsteine zum Haus, dessen gefällige Proportionen durch niedrige Wände und ein relativ hohes Reetdach geprägt werden. Die ursprünglich gauben- und lukenlose Fläche des Daches wird über dem Hausein-

gang durch einen Giebel verziert, in älterer Zeit und auch heute noch auf Sylt in Form eines Spitzgiebels, andernorts durch Backengiebel mit hochgemauerten Seitenstücken. In jedem befindet sich eine Luke, durch die früher das Heu eingebracht wurde. Ganz oben sorgt noch ein kleines Fenster für gedämpftes Licht im Dachbodenraum. Dies alles vermittelt ein lebendiges Bild handwerklicher Gestaltungslust.

Die Tür steht unter einem Rundbogen, der oft in Zierform gemauert oder durch verschiedene Farben von der Hauswand abgesetzt ist. Auch hier hat friesische Handwerkskunst ein reiches Betätigungsfeld in verschiedensten Arten der Gestaltung und Bemalung gefunden. Die ursprüngliche Tür war zweigeteilt in eine obere und eine untere Luke. Wenn man die obere öffnete, ließ sich ein Gespräch mit Nachbarn auf der anderen Straßenseite oder mit Passanten führen. Heute hat sich dafür der Ausdruck „Klönschnack-Türen" eingebürgert, und als solche werden sie wieder hergestellt und eingebaut. Wie schon bemerkt, wirken sprossenlose Kunststofffenster, leider im Zuge der Modernisierung auch in etliche alte Friesenhäuser eingebaut, in deren Mauern wie tote, ausgebrannte Höhlen. Ganz anders die originalen friesischen Fenster! Im Wohnteil sind sie zweiflügelig und durch Sprossen in sechs oder gar zwölf und sechzehn Scheiben geteilt. Der Stall hingegen erhält sein Licht durch kleine Halbmondfenster, deren Scheiben in strahlenförmige Eisensprossen gefasst sind. Und Formen und Elemente sind niemals „geplant" und „vorgeschrieben", sondern aus dem natürlichen Harmoniegefühl durch Jahrhunderte gewachsen.

Links: Friesenhaustür im Keitumer Takerwai (das ganze Haus mit Garten ist auf Seite 45 abgebildet). Eine landesherrschaftliche Verfügung aus dem 18. Jahrhundert sorgte dafür, dass die Giebel der Friesenhäuser gemauert waren, um einen feuersicheren Ausweg aus einem brennenden Haus zu gewährleisten.

Die handwerklich gestaltete Eingangstür zum Haus des Grönlandfahrers und Kommandeurs Teunis in Wenningstedt gilt vielen Besuchern als die schönste Friesenhaustür auf Sylt.

Tür eines Friesenhauses in Keitum mit einem in den Giebel eingesetzten Fenster, das früher für Licht im Dachboden sorgte, der heute meist als Wohnraum genutzt wird.

Filigran gestaltete Tür eines Friesenhauses in Keitum. In der Regel wurde die Mauerfläche des Giebels so wie hier für die Initialen der Erbauer oder Bewohner des Hauses genutzt. Häufig steht dort auch ein Hinweis auf das Jahr der Fertigstellung des Hauses.

Das alte Friesenhaus war zweigeteilt, was auch noch heute häufig zu beobachten ist. Von der Eingangstür ging ein schmaler Flur durch die ganze Hausbreite und endete an einer kleineren Tür zum Hof. Je nach Sonnen- oder Straßenlage diente die eine Gebäudehälfte zum Wohnen, die andere der Wirtschaft. Zum Wohnteil gehörten üblicherweise vier Räume: Küche, Wohnstube (friesisch: Kööv oder Dörnsk), eine zweite, nur zu bestimmten Anlässen genutzte Stube (Pesel) und eine Kammer als Schlafgemach der Magd oder zur Aufbewahrung von Nahrungsmitteln und weiteren Dingen. Die Küche im Friesenhaus wurde zwecks Steigerung der Wohnbehaglichkeit schon früh von den übrigen Räumen abgetrennt. Der Herd unter dem offenen Schornstein blieb aber die zentrale Feuerstelle des Hauses. Über mehreren

Die gute Stube (Pesel) der Friesenhäuser, wie diese im „Altfriesischen Haus" in Keitum, wurde nur zu besonderen Anlässen benutzt und war nicht beheizbar. Die „Feuerkieke" aus Messing (unter dem Tisch) diente zum Wärmen der Füße.

Schrankbett (Alkoven) im „Altfriesischen Haus" in Keitum. Dort ist auch eine Küche, wie sie damals war, zu sehen (oben).

seiner Öffnungen wurde das Essen gekocht, wobei Kessel und Töpfe auf eisernen Dreifüßen standen. Ihm angeschlossen waren in der Regel ein Backofen, vor allem zur Herstellung des Brotes, sowie Öffnungen zum Belegen des Beilegerofens in der Wohnstube. Dieser Beileger war neben der Wärme vom Küchenherd die einzige Heizquelle im früheren Friesenhaus. Alle anderen Zimmer blieben, auch im Winter, ungeheizt.

Die Wohnstube, deren Steinwände in der Seefahrerzeit häufig mit Fliesen, in Häusern von Kommandeuren und Kapitänen zum Beispiel mit Schiffstableaus, geschmückt waren und die mancherlei wertvolle Mitbringsel aus fernen Ländern enthielt, von der englischen Standuhr bis zu chinesischem Porzellan, diente auch als Schlafraum. An den inneren Stuben-

Wenn Seefahrer nach langer Reise nach Hause kamen, brachten sie aus holländischen Hafenstädten Fliesen (Kacheln) mit, um die Wände ihrer Stuben zu schmücken. Oft waren es Fliesen mit biblischen oder landschaftlichen Motiven, aber auch ganze Fliesentableaus mit Walfangszenen oder – wie in diesem Fall – Bildern von Küstenfrachtern, mit denen die Walfänger und Seefahrer im Frühjahr zu den holländischen und hanseatischen Handelshäfen befördert wurden.

wänden, die meist an die warme Küche grenzten, standen die schrankartigen Wandbetten (Alkoven), die man tagsüber mittels Gardinen oder Luken verschlossen hielt. Sie waren relativ kurz, sodass die Hausbewohner, oft Eltern oder mehrere Kinder zugleich in einem Bett, halb sitzend schliefen. Wandbetten waren noch bis Anfang des 20. Jahrhunderts allgemein üblich und erfreuen sich heute, wenn auch mit anderen Maßen, wieder zunehmender Beliebtheit. Jeder schläft in Ruhe für sich und kann, ohne andere zu stören, bei zugezogenen Luken lesen oder schnarchen.

Der Pesel des althergebrachten Friesenhauses diente, wie erwähnt, nur bestimmten Zwecken. Hier wurden Familienfeste gefeiert und die Toten vor der Beerdigung aufgebahrt. Wo der enge Flur des Hauses nicht das Heraustragen eines Sarges ermöglichte, hatte der Pesel zu diesem Zweck auch eine Außentür. Dieser besondere Wohnraum barg aber auch die Truhen mit den Kleidern, den Trachten und dem Schmuck.

Von sehr unterschiedlicher Beschaffenheit waren die Fußböden des Hauses. Im Flur und in der Küche lagen kleine, abgeflachte Feldsteine, im Pesel oft Klinker oder andere Steinplatten, manchmal mit weißem Strandsand bestreut. Vielfach hatte nur die Wohnstube einen Boden aus Holzdielen.

Im Friesenhaus verband sich die Anmut der Gestaltung und Ausstattung immer mit praktischen Überlegungen. Die kleinen Zimmer mit den niedrigen Balkendecken, in denen man sich so geborgen und heimelig fühlte, hatten wie alles im Haus einen ganz realen Sinn. Solche Räume ließen sich relativ schnell

und billig beheizen. Denn auf den damals baum-
losen Inseln und in den nicht weniger offenen Marschen war Brennmaterial Mangelware. Gebietsweise
wurde Torf aus dem Wattboden gegraben. Auf den
Geest- und Düneninseln mussten Fuder von Heide
geschlagen und für den Winter eingelagert werden,
während auf den Halligen getrockneter Kuhmist, die
sogenannten Ditten, als Feuerung verwendet wurde.
Auf Sylt erfüllte getrockneter Schafsdung den gleichen Zweck. Aber auch das Wrackholz gestrandeter
Schiffe spielte für das Bauen und Heizen eine große
Rolle. Erst ab Mitte des 19. Jahrhunderts fuhren
Schiffe von der friesischen Küste direkt nach Eng-
land, um Kohle zu holen.
Der Wirtschaftsbereich des zweigeteilten Friesenhauses bezog sich vor allem auf die Landwirtschaft, selten

Die Kööv im „Altfriesischen
Haus" in Keitum diente als
Wohnstube. Dieser Raum
war als Einziger durch den
Beilegerofen beheizbar. Wie
der Pesel war er häufig mit
bemalten Fliesen ausgeklei-
det, die zum Beispiel Blu-
menvasen zeigen („Bloem-
potjes") oder zu einem
Schiffstableau zusammenge-
fügt sind.

nur auf die Fischerei oder wenige andere Erwerbs-
quellen. Aber einen gewissen Grundbesitz hatten
fast alle Bewohner der Inseln und Halligen, dement-
sprechend etliche Schafe, Kühe und für Ackerbau
und Transporte auch einige Pferde. Je nach Umfang
der landwirtschaftlichen Betätigung befanden sich
auch Hühner- und Schweineställe sowie die Dresch-
tenne in diesem Gebäudeteil, der übrigens mit faust-
großen Feldsteinen gepflastert war. Auch draußen
vor dem Stall gab es solche Pflasterungen, um das
Aufweichen des Bodens durch Viehtritte und Dung
zu verhindern, und ebenso in Form einer meterbrei-
ten Kante rund um die Hausmauern, damit das vom
Dach tropfende Regenwasser vom Haus ferngehalten
wurde. Oft waren diese Böden (Katzenköpfe) kreuz-
artig mit deutlich größeren Feldsteinen durchzogen,
was der Abwehr von Hexen und sonstigen Unholden
dienen sollte.

Noch gegen Ende des 19. Jahrhunderts waren Friesenhäuser und Bauernhöfe der alten Typen in
beachtlicher Zahl vorhanden. In Carl Ludwig Jessen,
geboren 1833 in Deezbüll bei Niebüll, fanden diese
Gebäude und Innenräume einen Maler, der die
handwerkliche Kunst und die architektonische Harmonie von außen und innen, aber auch das Volks-
leben jener Zeit im Detail auf die Leinwand bannte.
Heute vermitteln vor allem Museen mit original-
getreuen Zimmern und etliche im ursprünglichen
Zustand bewahrte Häuser einen echten Eindruck,
wie das „Altfriesische Haus" in Keitum auf Sylt, das
„Altföhrer Haus" in Wyk, das Friesenhaus von Deezbüll oder das Haus des Kommandeurs Lorens Petersen de Hahn, das von Westerland nach Molfsee bei

Kiel versetzt wurde. Es gibt aber auch urtümlich gebliebene Häuser, die noch bewohnt werden, etwa das Haus mit dem Königspesel auf der Hallig Hooge oder das Haus „Johannsen" auf Hallig Langeneß. Und in zahlreichen anderen wiederum ist wenigstens ein Teil des Originalen bewahrt geblieben, so im „Öömrang Hüs" in Nebel auf Amrum.

Mit dem Begriff „Friesenhaus" verbinden sich auch sehr häufig Gedanken an Fliesen, allgemein – allerdings unkorrekt – Kacheln genannt. Da Einzelfliesen gut bezahlt wurden und Sommergäste angeblich lieber in modernen, tapezierten Zimmern wohnen wollten, wurden zahlreiche schöne alte Stuben regelrecht ausgeschlachtet. Trotzdem gibt es auf den Inseln und an der Küste noch viele Häuser mit Fliesenwänden und etliche mit Schiffstableaus, die den

Das „Altfriesische Haus" in Keitum wurde 1739 durch den Seefahrer Peter Uwen erbaut. Seit 1907 befindet es sich im Besitz des Söl'ring Foriining e. V. (Sylter Verein für Pflege von Kultur und Tradition). Es ist im Originalzustand erhalten – mit einem Stallteil im Westen und einem Wohnbereich nach Osten. In ihm kann die Wohnkultur früherer Jahrhunderte besichtigt werden.

Ein Friesenhaus bekommt eine Reetdachhaube. Garbe um Garbe wird an Dachsparren gebunden – eine Arbeit, die Spezialwissen erfordert, aber dank des Baubooms derzeit wieder gefragt ist.

Duft der großen weiten Welt atmen und den blauen Glanz vom nahen Meer vermitteln. Sie sind eine Erinnerung an die große Zeit des Walfangs und der Handelsschifffahrt, die um 1630 begann und die Insel- und Halligfriesen über Amsterdam, Hamburg, Kopenhagen und andere nordeuropäische Hafenstädte auf alle Weltmeere hinausführte.

Garbe um Garbe

Zum Friesenhaus gehört ein Reetdach – aber nicht jedes Haus mit Reetdach ist ein Friesenhaus; es müssen auch die sonstigen Charakteristika vertreten sein. Wenn Zimmermann und Maurer das Richtfest gefeiert haben, Außenmauern nebst Giebel sowie die Dachkonstruktion für das Eindecken mit Reet fertig sind, beginnt die Arbeit des Dachdeckers. In großen Bündeln stehen die im Winter in der heimischen Landschaft geschnittenen – oder vom Plattensee in Ungarn importierten – Reethaufen mit dem dazugehörigen Material an seinem Arbeitsplatz neben dem Haus. Das Eindecken beginnt in der Regel an der rechten Giebelseite unten an der Traufe. Die ersten Reetbunde werden mit den unteren Halmenden nebeneinandergelegt und nach Lösung der Bindungen in einer Stärke von etwa zehn Zentimetern durch einen Haltestock fest auf die Dachlatten gedrückt. Mit einem Klopfbrett wird dafür gesorgt, dass die Halme unten gerade überstehen. Dann wird das Reet in Abständen von etwa 20 Zentimetern an die unterste Latte genäht. Wenn die erste Lage festliegt, werden eine zweite und eine dritte darübergepackt, sodass sich eine Reetdecke von 30 bis 40 Zentimetern Stärke ergibt. Lage um Lage wächst so die Eindeckung nach oben, wobei immer wieder darauf geachtet werden muss, dass die Halmstoppeln zu einer gleichmäßigen Fläche ausgeklopft werden. Zum Festnähen des Reets sind stets zwei Mann erforderlich – der eigentliche Näher, der draußen steht und die Nadel mit dem Bindedraht zielsicher durch die Reetauflage unter die Dachlatte sticht, und der Gegennäher, der – drinnen stehend – den Bindedraht herauszieht und nach dem erneuten Einstich der leeren Nadel wieder einfädelt. Da beide einander nicht sehen, wird ihre Tätigkeit von bestimmten Kommandos begleitet, um eine zügige „Hand-in-Hand-Arbeit" zu gewährleisten. Auf der wachsenden Reetdachfläche rückt der Außennäher mithilfe von „Dachstühlen"; deren Eisenhaken durch das Reet

Folgende Doppelseite: Friesenhaus „Sara" im Seebad Wenningstedt: Das um 1672 erbaute kleinbürgerliche Anwesen wurde, obwohl noch weitgehend original erhalten, 1953 abgebrochen. Der Nachbau entstand nach historischen Vorlagen. Viele Stilelemente wurden in den modernen Wohnkomfort integriert. Es wird heute an Gäste vermietet.

Friesenhaus in Kampen:
Landschaften werden durch
ihre Häuser geprägt, und
Haustypen entstehen durch
die besonderen Gegeben-
heiten der Umgebung. Das
Friesenhaus mit seinem reetgedeckten und weit
heruntergezogenen Dach ist
ideal an die Lebensbedin-
gungen der Marsch- und
Geestinsel Sylt angepasst.

über einen Dachsparren eingehängt werden, langsam nach oben zum First.

Besondere Fertigkeiten erfordern die Eindeckungen
der Dachgauben und des Giebels und schließlich der
Abschluss am First. Hier ist eine spezielle Anord-
nung der Dachlatten nötig. Am First werden die
Halme der Luvseite, die stärker dem Wind ausgesetzt
ist, auf die Leeseite übergeschlagen und mit über-
einandergeschichteten Grassoden abgedeckt. Diese
werden an der Küste vor allem aus den Salzwiesen
gestochen, weil sie besonders dicht und stark durch-
wachsen sind. Nachdem sie schräg gegen die Haupt-
windrichtung gelegt worden sind, werden die Soden
mit kleinen Stäben ineinander befestigt. Wo Heide
im Überfluss wächst, zum Beispiel auf Sylt und
Amrum oder im dänischen Jütland, erfolgt die

Firstabdeckung oft mit gebündeltem und mit Maschendraht umhülltem Heidekraut. Früher wurde auch das Bindewerk direkt aus der Landschaft gewonnen – aus dem Strandhafer, der in den Dünen wächst. Er wurde im Herbst geschnitten, getrocknet, wieder angefeuchtet und weichgeklopft und mit den Händen zu dünnen Seilen, den „Reepen", gedreht.

Lange Zeit bestand die Sitte, nach Abschluss der Arbeiten zwei sich kreuzende Stäbe auf die Abdeckung des Giebels zu stecken – als vermeintliche Abwehr gegen Hexen und Blitze. Dieser Brauch ist auch heute noch vielfach zu beobachten, wenn auch nur zur Dekoration.

Fast hundert Jahre lang, etwa von der Mitte des 19. bis zur Mitte des 20. Jahrhunderts haben die Friesen keine Friesenhäuser gebaut, sondern mehr oder

Friesenhaus in Keitum: Diese Bauwerke sind gleichsam aus der Natur gewachsen und bilden mit der sie umgebenden Landschaft eine harmonische Einheit.

43

Friesenhaus in Westerland: Nicht zuletzt durch die Pflege und den Erhalt der Friesenhäuser haben sich Sylt und die anderen nordfriesischen Inseln und Halligen ihren besonderen Ruf erworben. In ihnen wird die Schönheit der alten Bauformen deutlich.

weniger schöne Gebäude, die für den Fremdenverkehr nutzbar waren. Erst als sich finanzkräftige auswärtige Inselfreunde nach dem Zweiten Weltkrieg ein Domizil auf einer Ferieninsel suchten und für Friesenhäuser das Drei-, Vier- und Mehrfache ihres realen Wertes zahlten oder auf einem Grundstück ein architektonisch korrektes Friesenhaus errichteten, gewannen die Inselbewohner eine ganz neue Erkenntnis: Friesenhäuser sind bei Feriengästen sehr viel beliebter als die Profanbauten des Fremdenverkehrs und melden eine viel längere und intensivere Belegung mit Gästen und damit vollere Saisonkassen. Und mit Geld lassen sich fast alle Völkerschaften der Welt, zumal die Friesen, entsprechend lenken. Allerdings hat die Liebe auswärtiger „Kapitalisten" zu Friesenhäusern auch dazu geführt, dass die Insulaner

verleitet wurden, Haus und Heimat zu verkaufen. Von Sylt müssen über 3000 Einwohner zu den billigeren Wohnungen auf dem Festland pendeln, um ihrer Arbeit weiter auf der Heimatinsel nachzugehen, wo sie das Wohnen nicht mehr bezahlen können.

Friesenhaus mit Lupinen im Keitumer Takerwai: Viele der Kapitänshäuser sind von einem Garten umgeben, der mit hohen Bäumen umgrenzt ist. Um sie gegen Wind und Wetter zu schützen, wurden die Häuser in West-Ost-Richtung gebaut und vor allem mit Ulmen, die sich in den harten klimatischen Bedingungen am besten zu behaupten wussten, umgeben, bis es in 1980er-Jahren zum großen Sterben dieser Baumart kam.

Ein Wellenbrecher
für Schleswig-Holsteins Küste

Sturmfluten auf Sylt

von Ekkehard Klatt

Die Gischt der graublauen Wogen löst sich von den Wellenkämmen, verteilt sich über die Promenade und wird bis in die angrenzenden Straßenzüge geweht. Es ist kurz nach 10 Uhr, und erst langsam lässt die schlechte Sicht einen Blick über den schmalen Strand zu. Da es noch über vier Stunden bis zum Hochwasser sind, wird schnell klar, dass die Wellen in kurzer Zeit ihren Weg bis an die Mauer der Kurpromenade heran finden werden.

Spaziergänger stemmen sich gegen den Sturm, unterschiedlichstes Treibgut am Strand markiert den höchsten Wasserstand dieser Nacht, Sand wirbelt durch die Luft und peitscht zusammen mit letzten Regentropfen gegen die Fenster eines Strandrestaurants. In diesem Moment reißt für einen ganz kurzen Augenblick der Himmel auf, und die noch tief stehende Wintersonne gibt der ganzen Szenerie einen milden Glanz. Hier an der Küste sprechen wir in so einem Fall von einem typischen Sturmtieftag, an dem orkanartige Böen aus Südwest all das bereithalten, was für ganz viele Gäste und Strandspaziergänger erst den besonderen Reiz der Insel ausmacht.

Wenn Stürme über das Land hinwegziehen, denken viele zuerst an die Küste, an die vorgelagerten Inseln und Halligen. Auf dem Festland sind Schäden nach einem Sturm auch deutlich sichtbar, wie abgedeckte Hausdächer oder umgestürzte Bäume; an der Küste kommt aber die gebündelte Energie riesiger, oft haushoher Wellen dazu. Sie entstehen weit draußen im Meer. Erst durch die Annäherung ans Ufer steilen sie im flacher werdenden Wasser auf, um dann mit ganzer Wucht auf die Deiche, den Strand oder das Kliff zu treffen.

Folgende Doppelseite: Strandpromenade Westerland 1981. Den anstürmenden Sturmflutwellen ist vor allem der zentrale Inselteil weitgehend schutzlos ausgeliefert. Mit enormer Wucht treffen die meterhohen Wellen auf die Ufermauer. Auf jedem Kubikmeter Salzwasser lastet ein Gewicht von etwa einer Tonne, und gewaltig ist die Kraft des Rücklaufs der gegen die Küste brandenden Wassermassen.

Rechts: Windstärkenskala nach Kapitän Petersen (aus: Scott Huler, Die Sprache des Windes, Hamburg 2009)

Solange der Mensch nicht eingreift, entsteht an der Küste ein hundert Meter bis mehrere Kilometer breiter Gürtel, der bei längerfristig konstantem Meeresspiegel immer wieder kleinere Veränderungen durch Wellen und Wind erfährt. Den größten Beitrag zur Umgestaltung liefern wohl die Winterstürme. Bis zum 19. Jahrhundert hatte auch Sylt solch einen Küstenstreifen, und nach länger andauernden Sturmperioden finden wir ihn manchmal heute wieder vor. Dann formen Wind und Wellen nach Abbrüchen an den Dünen einen neuen, breiten Strand mit vorgelagerten, die Insel schützenden Sandplaten sowie kleinen Vordünen oberhalb der Hochwasserlinie. Besonders an den Inselenden kann der Strandspaziergänger diese Veränderungen zu Ende jeder Sturmsaison beobachten.

Da es einfach nachvollziehbar ist, dass fast jeder etwas anderes unter den Begriffen „stürmisch" oder „sehr stürmisch" versteht, hat erstmals Admiral Sir Francis Beaufort im Jahr 1806 eine empirische Skala entwickelt, anhand derer man an Land und auf See aufgrund einfacher Beobachtungen recht eindeutig eine Zuordnung des Geschehens zu genau definierten Windstärken treffen kann.

Ab Windstärke 9, also Sturm mit einer Windgeschwindigkeit von 75 Kilometer je Stunde und darüber, sollte man tunlichst Vorkehrungen treffen, die der Situation angemessen sind. Also zum Beispiel zu Hause bleiben, um jegliche Schadenswahrscheinlichkeit von vornherein auszuschließen. Solchen Rat kann man natürlich am ehesten an Land beherzigen. Befindet man sich erst mal draußen auf See, gelten andere Gesetze.

Grad	Bezeichnung	Auswirkungen des Windes auf See
0	still	spiegelglatte See
1	leiser Zug	kleine schuppenförmige Kräuselwelle ohne Schaumkämme
2	leichte Brise	kleine, kurze Wellen; Kämme sehen glasig aus und brechen sich nicht
3	schwache Brise	Kämme beginnen sich zu brechen; Schaum glasig, vereinzelt weiße Schaumköpfe
4	mäßige Brise	Wellen noch klein, werden aber länger; vielfach weiße Schaumköpfe
5	frische Brise	mäßige Wellen, die eine ausgeprägte lange Form annehmen; überall weiße Schaumkämme
6	starker Wind	Bildung großer Wellen (2,5–4 Meter); überall ausgedehnte weiße Schaumkämme, brechen; etwas Gischt
7	steifer Wind	See türmt sich; weißer Schaum beginnt sich in Streifen in Windrichtung zu legen
8	stürmischer Wind	mäßig hohe Wellenberge von beträchtlicher Länge; Kanten der Kämme beginnen zur Gischt zu verwehen
9	Sturm	hohe Wellenberge; dichte Schaumstreifen in Windrichtung; „Rollen" der See beginnt; Gischt kann die Sicht beeinträchtigen
10	schwerer Sturm	sehr hohe Wellenberge (6–9 Meter) mit überbrechenden Kämmen; Rollen der See schwer, stoßartig; Sicht beeinträchtigt
11	orkanartiger Sturm	außergewöhnlich hohe Wellenberge; See völlig von den Schaumflächen bedeckt; durch Gischt herabgesetzte Sicht
12	Orkan	Luft mit Schaum und Gischt erfüllt; Wellenberge über 14 Meter; See vollständig weiß durch Gischt; Sicht sehr stark herabgesetzt

Sturmflut auf einer Hallig. Dieser Stahlstich aus dem 19. Jahrhundert zeigt die Rettung einer Familie, die sich nach dem Zusammenbruch ihres Hauses auf das von Ständern getragene Dach hinaufgeflüchtet hat.

Rechts: Weit vor unserer Zeitrechnung, aber auch noch in den ersten Jahrhunderten danach, gehörten weite Gebiete, in denen sich heute Nordsee und Wattenmeer erstrecken und Ebbe und Flut regieren, zum Festland. Der Husumer Kartograf Johannes Mejer hat den Zustand der nordfriesischen Küste um 1640 dargestellt.

Bei näherer Betrachtung der Insel Sylt sind Stürme in doppelter Hinsicht von entscheidender Bedeutung: Zum einen formen Strömung und Wellen die Küste; sie lassen Dünen, Strand und die Kliffkante in den Wogen verschwinden, lagern sie aber an anderer Stelle als Sandnehrung oder Wattfläche wieder an. Je stärker die Strömung ist, desto gröberes Material kann in kurzer Zeit weit transportiert werden. Zum Schluss, wenn fast alle Energie aufgebraucht ist, lagert sich nur noch feines Material ab, körniger Sand und letztendlich Schlick.

Zum anderen waren die Menschen schon immer darauf bedacht, möglichst dort zu leben, wo sie den Angriffen der oft stürmischen Nordsee nicht über Gebühr ausgesetzt sind. Aus der Frühzeit Sylts ist durch archäologische Ausgrabungen recht genau bekannt, wo sich Siedlungen befanden, und auch, wo Menschen angelandet sind. Es wird heute vermutet, dass die früheste Hafenanlage am kürzesten Weg zum Festland, nämlich in Morsum, gelegen haben könnte, eindeutige Spuren eines Hafens sind im nahen Archsum gefunden worden. Nur hier, auf der dem Wind abgewandten Leeseite dieser vor über tausend Jahren neu entstandenen Insel, war es möglich, Häfen anzulegen, in deren Nähe die Menschen Siedlungen schufen.

In alten Chroniken wird von epochalen Katastrophen berichtet, die viele Menschenleben forderten, den großen „Mandränken". Im Jahr 1362 ereignete sich die erste. Da Sylt im Gegensatz zu den Halligen sowie den Inseln Pellworm und Nordstrand nicht ausschließlich aus den niedrigen Schwemmlandflächen der Marsch, sondern hauptsächlich aus eiszeit-

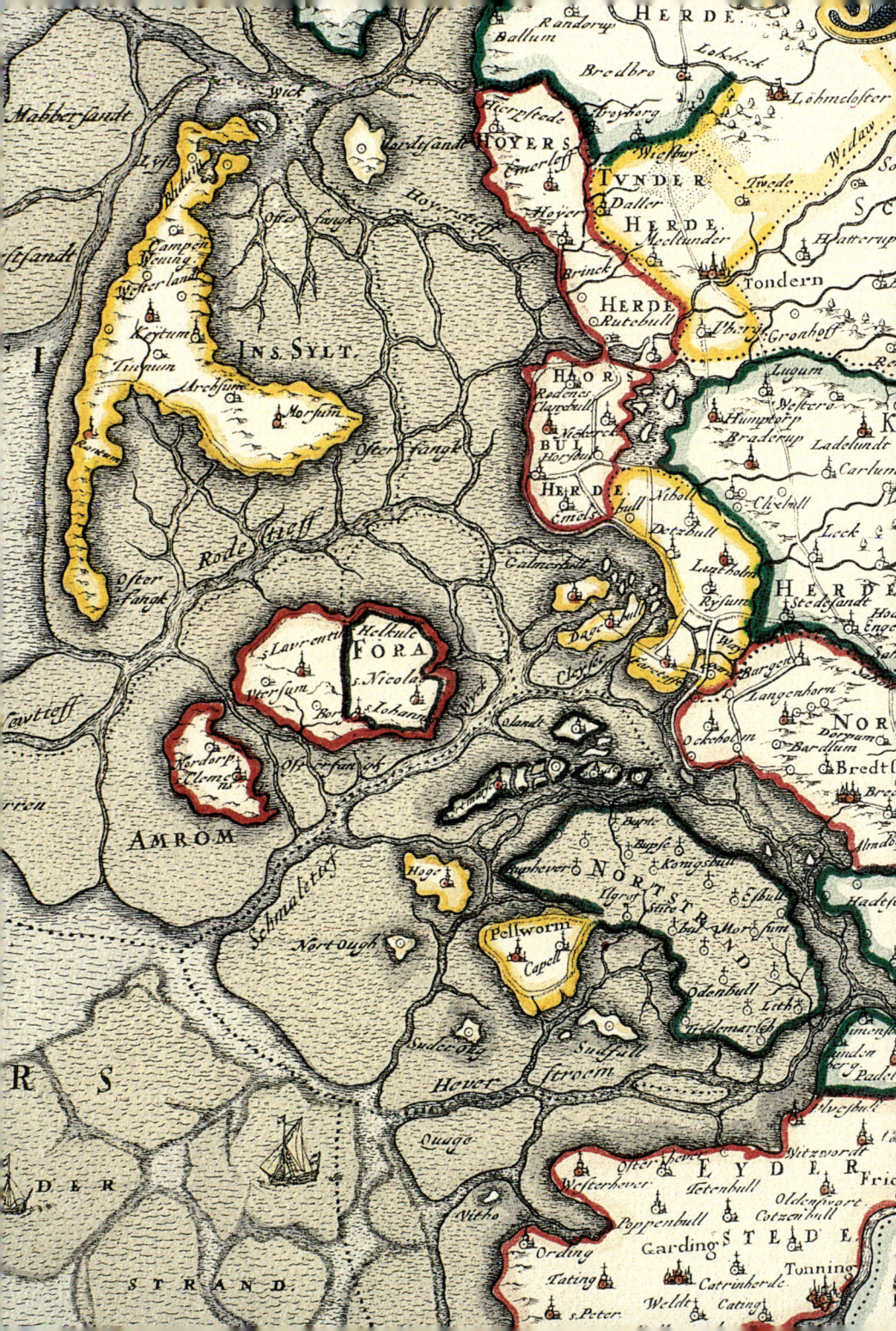

lichem Schutt der Gletscher, hier Geest genannt, und ausgedehnten Dünenlandschaften aufgebaut ist, konnte diese in vielen Küstenbereichen Norddeutschlands sicherlich verheerende Flut den beiden, spätestens im 13. Jahrhundert errichteten Kirchen in Morsum und Keitum gar nichts anhaben. Beide Gotteshäuser liegen noch heute unversehrt weit oberhalb der bei Sturmflut anbrandenden Wassermassen auf der Hohen Geest.

Diese Situation, die auf alle alten Ortsgründungen Sylts außer für List und Rantum ebenfalls zutrifft, ist genauso entscheidend, wenn von der möglicherweise noch zerstörerischen zweiten großen Mandränke 1634 berichtet wird. Zu diesem Zeitpunkt gab es in Nordfriesland bereits deutlich mehr Köge als im 14. Jahrhundert. Bei Deichbrüchen wurde somit viel mehr eingedeichtes Marschland überschwemmt. Ist ein durch Sturm und Regen geschwächter Deich erst einmal gebrochen, strömen die Wassermassen nicht nur durch die Scharte (Wehle), sondern sie finden auch noch Land im ehemaligen Koog vor, das um ein, zwei oder sogar drei Meter niedriger liegt als das umgebende Wattenmeer. Solche Köge gab es auf Sylt mit Sicherheit auch. Wie groß die Zahl der darin errichteten Hofstätten war, ist den Chroniken nicht zu entnehmen, und somit kann man über die Zahl der Betroffenen nur spekulieren. Die aus der Überschwemmung der Äcker und den großräumigen Ernteausfällen resultierende Hungersnot hat das Elend anschließend gewiss noch verschlimmert.

Da die Sylter Orte Westerland, Tinnum, Keitum, Archsum und Morsum seit jeher bei Sturmfluten von Süden aus gefährdet waren, sorgte seit 1820 ein

neuer Seedeich von der Dünenkante bei Dikjen Deel, südlich an der Tinnumburg vorbei bis in den Osten von Tinnum für Sicherheit. Leider wurde er bereits bei der sogenannten Halligflut 1825 wieder zerstört. Anschließend lief bei jeder Sturmflut das Wasser an der Tinnumburg vorbei bis in die Höhe des heutigen Bahnhofs von Westerland. Dadurch konnte man noch zehn Jahre nach der Fertigstellung des Bahnhofsgebäudes in Westerland bei Sturmflut mit dem Kahn bis zu dem auf Meeresniveau errichteten Bahnhof fahren. Erst die Fertigstellung des von Morsum bis Tinnum verlaufenden Nössedeichs 1937 sorgt seitdem für den dauerhaften Schutz des Marschlands.

Es war sicherlich lange Zeit sehr riskant, Sylt übers Meer zu erreichen. Unzählige Seeleute verunglück-

Orkanflut! Die Brandung schlägt über den Nössedeich und droht ihn von innen her aufzureißen. Der 1936/37 zusammen mit der Eindeichung des Rantumbeckens angelegte 13 Kilometer lange Nössedeich an der Sylter Südostküste hielt jedoch im November 1981 der schweren Sturmflut stand. Würde dieser Deich brechen, wären nicht nur die Wiesen und Siedlungen zwischen Morsum, Archsum und Tinnum betroffen, sondern auch das gesamte Wohngebiet Westerlands bis zum Bahnhof. (Foto: Uwe Sönnichsen)

Inselfriesische Kapitäne waren über einen Zeitraum von rund 500 Jahren auf allen Weltmeeren unterwegs. Vor allem die Walfänger brachten, wenn sie denn lebend und mit einem erfolgreichen Fang wieder nach Hause kamen, sehr viel Geld auf die Inseln. Nur so war es möglich, die Friesenhäuser so üppig auszustatten.

ten beim Fischfang, aber ebenso während ihrer mehrere Monate andauernden Fahrten zum Walfang und zur Robbenjagd im Nordatlantik.

Da aber bis heute nicht geklärt werden konnte, ob die Friesen die Insel Sylt vor etwa tausend Jahren über den Landweg erreichten oder vielleicht doch mit Schiffen ankamen, wissen wir nicht, welche Bedeutung Boote für die Friesen hatten, und erst recht wissen wir nicht, wie wohl deren Schiffe ausgesehen haben mögen. In einer der ältesten Sagen wird vom „Heringsfang vor Helgoland mit Hunderten Booten" berichtet. Helgoland liegt gut 40 Seemeilen südlich von Sylt. Das bedeutet, dass ein Ruderboot länger als einen Tag brauchte, um überhaupt bis dorthin zu gelangen. Das Risiko, bei einer Sturmflut zu verunglücken, war somit groß.

Während bereits kurz nach den Ortsgründungen in List und Rantum die größte Bedrohung vom schwer zu stoppenden Sandflug der großen Wanderdünen ausging, erwies sich für die mittlerweile sesshaften Friesen der ständige Kampf ums alltägliche Überle-

ben auf den kargen Schollen der nur wenig fruchtbaren Geest als ein schier aussichtsloses Unterfangen.
Bis in die Mitte des 19. Jahrhunderts lautete deshalb
die Maxime: auf den fremden Handelsschiffen
anheuern, in die neue Welt auswandern oder aber
auf Sylt ein so karges Auskommen fristen, dass die
Familie fast ständig vom Hungertod bedroht war.
Für die männlichen Sylter, die bereits seit Mitte des
17. Jahrhunderts ab einem Alter von etwa 14 Jahren
in Ermangelung anderer Erwerbsmöglichkeiten für
vier bis acht Monate auf hanseatischen und dänischen Schiffen als Walfänger im Eismeer unterwegs
waren, nahm das Risiko, bei gefährlicher See mit
dem Schiff zu havarieren, erneut enorm zu. Bis zur
Fertigstellung des Hindenburgdamms war insbesondere im Winter bei Eisgang auch das Postboot zum
Festland dieser Bedrohung ausgesetzt.

Nicht erst die Friesen ließen sich vor etwa tausend
Jahren auf den bis 28 Meter über dem Meer gelege-
nen Flächen der alteiszeitlichen Geest nieder. Bereits
die ältesten Spuren vermutlich nomadisierender
Nordgermanen finden sich noch heute als neolithische Gräber auf diesen hoch gelegenen Flächen im
Zentrum der Insel. Des Weiteren finden sich fast 200
bronze-, eisen- und wikingerzeitliche Grabstätten auf
Sylt. So wurde zur Zeit der Christianisierung im
12. Jahrhundert eine der beiden ältesten Kirchen der
Insel, die St.-Severin-Kirche in Keitum, nur einen
Steinwurf entfernt vom heidnischen Wotanshügel
auf der Keitumer Geest errichtet: hoch aufragend als
Seezeichen für die Seefahrer, ganz in der Nähe des
ruhigen Wattenmeers, das früher noch als Haff
bezeichnet wurde, und gut sechs Kilometer von der

Das Großsteingrab Deng-
hoog, nördlich der Wen-
ningstedter Kapelle, ist
begehbar. Die jungsteinzeit-
liche (neolithische) Anlage
stammt aus dem 4. Jahrtausend v. Chr. und liegt unter
einem 3,20 Meter hohen
Hügel. In der fünf Meter langen und drei Meter breiten
eiförmigen Grabkammer
fand man unter anderem
Reste einer Leiche, einen
Rinderzahn, Gefäße, Scher-
ben und andere Gegen-
stände, die heute als Replik
im Keitumer Heimatmu-
seum oder im Original im
Landesmuseum in Schloss
Gottorf zu sehen sind.

sturmflutgefährdeten Brandungsküste an der Westseite der Insel entfernt.

Da schon damals bekannt war, dass die Schwemm-
landwiesen im Süden zwar ein ideales, weil fruchtba-
res Ackerland darstellen, das aber bei jeder schweren
Sturmflut vom Meer überspült wird, wurden bereits
im Mittelalter wiederholt Anstrengungen gemacht,
das Marschland durch Eindeichung zu kultivieren.

Wie an der Lage der ältesten Grabstätten der Insel,
zum Beispiel dem 5200 Jahre alten Denghoog in
Wenningstedt, zu erkennen ist, bestimmten Einsicht,
aber auch der Kampf gegen das Meer das Leben und
Handeln der Menschen. Die Frühzeit ist gekenn-
zeichnet durch das Leben auf der Geest, wenn möglich in respektablem Abstand zur rauen Nordsee. Seit
fast tausend Jahren kam der zaghafte Versuch dazu,

durch Deichbau im Osten eine neue Grenze zur Nordsee zu fixieren. Dadurch war die Landwirtschaft nicht mehr allein auf die karge Geest beschränkt, sondern konnte vorrangig in der fruchtbaren Marsch betrieben werden.

Das Jahr 1855 wurde unfreiwillig zur Wendemarke für viele Sylter Familien. Ärzten aus Hamburg war die Idee zu verdanken, dass es in Westerland zur ersten Badgründung auf der Insel kam. Um den Badegästen eine möglichst schnelle und optimale Heilung ihrer Leiden zu ermöglichen, wurden erste Logierhäuser und Restaurants westlich der Gemeinde Westerland auf der Heide, in den Dünen und somit möglichst nahe am Strand errichtet. An Orten also, von denen sich die Friesen, wissend um die Gefahren solcher Standorte, jahrhundertelang ferngehalten hatten.

Buhnen sind nach dem heutigen Stand der Technik kontraproduktiv für den Küstenschutz. Sie vernichten viel mehr Sand, als sie fangen. Alle Buhnen werden nach und nach an der Westküste der Insel Sylt rückgebaut. Strandhaferpflanzungen und Faschinen (Sandfangzäune) haben sich dagegen bewährt. Diese biotechinischen Küstenschutzmaßnahmen werden auch weiterhin mit Erfolg angewandt.

Tetrapoden waren gestern: Ihr Einsatz zum Schutz der Sandstrände, wie an der Hörnum-Odde, ist umstritten. Heute funktioniert Küstenschutz vor Sylt (und an allen sandigen Stränden der Welt) mithilfe von Sandaufspülungen, die Jahr für Jahr vorgenommen werden müssen. Allein auf Sylt werden 2015 1,75 Millionen Kubikmeter zusätzlicher Sand benötigt, der aus dem Meer vor der Insel entnommen wird. Wie es in Zukunft weitergehen soll, weiß niemand.

Wenn von nun an das Meer tobte, fiel der Landverlust, bedingt durch Dünenabbrüche und die ständige Ostverlagerung der Westküste, natürlich viel mehr auf als vorher. Als man zu der Überzeugung gelangte, dass althergebrachte Schutzmaßnahmen wie Strandhaferpflanzungen bei Weitem nicht ausreichten, um die Landverluste zu stoppen, begannen bereits 14 Jahre nach der Badgründung sehr viel aufwendigere und zugleich kostspieligere Eingriffe in die Natur. Im Sinne eines dauerhaften Küstenschutzes wurde ab 1869 begonnen, Kiefernwäldchen auf den Heideflächen der Geest zu pflanzen, die ebenfalls dem Festhalten des Sandbodens dienten, so auch Strandhafer und Sandfangzäune (Faschinen). Eine große Zahl an preußischen Wasserbauern unter der Leitung von Adelbert Graf von

Baudissin errichtete gleichzeitig Dämme, die senkrecht zum Küstenverlauf in die Nordsee gebaut wurden: Buhnen. Von List im Norden bis zum damaligen südlichsten Ort der Insel, Rantum, wurden Pfahlreihen aus Eichenstämmen und Findlingen gesetzt. Im 20. Jahrhundert benutzte man zunächst Stahlspundwände, später Betonpfähle und nach 1960 sechs Tonnen schwere Formteile aus Beton: Tetrapoden. Man erhoffte sich von all diesen Maßnahmen eine Beruhigung der Strömung sowie eine positive Sandbilanz. Da sich leider nach hundert Jahren Buhnenbau immer noch kein Erfolg einstellen wollte, wurde vor wenigen Jahren damit begonnen, die letzten noch verbliebenen Buhnen am Weststrand von Sylt zu entfernen.

Obwohl der Küstenrückgang von ein bis zwei Metern pro Jahr erst mit dem Bau einer festen Ufermauer in Westerland im Jahr 1907 gestoppt werden konnte, nahm die Bautätigkeit besonders im äußersten Westen der Insel immer mehr zu. Somit erhöhte sich die Zahl der „bedrohten" Objekte. Viele Häuser mussten aufgegeben werden, und einige stürzten sogar ins Meer. Dank einer 1972 erstmals eingesetzten Technik konnten die Abbrüche am Kliff und an den Dünen bis auf wenige Ausnahmen gestoppt werden: Bei den neuerdings jährlich durchgeführten Sandaufspülungen passiert mechanisch nichts anderes, als dass die enormen Sandverluste von meist mehr als einer Million Kubikmetern pro Jahr an Sylts Westküste durch eine gleich große Menge an Sand aus dem Meer ausgeglichen werden. Der einzige Ort im Zentrum der Insel, wo dies trotz aller Bemühungen der Küstenschützer vom Landesbe-

Seit Anfang der 1970er-Jahre versucht man mit Sandaufspülungen Strände und Ufer vor Sturmfluten zu schützen und Landverluste zu vermeiden. Diese Technik lässt die Insel seit etwa 1990 entgegen den sonst normalen Abbrüchen weiter nach Westen wachsen.

Rechts: Durch die Orkanflut vom 24. November 1928 wurde die Sylter Westküste schwer in Mitleidenschaft gezogen. Haushohe Wellen brachen große Teile aus dem Roten Kliff heraus. Im Bild das ehemalige Wenningstedter Strandcafé.

trieb für Küstenschutz, Nationalpark und Meeresschutz (LKN) bis heute immer noch nicht gelingen will, liegt am Nordende des Roten Kliffs, am Hauptstrand von Kampen. Doch nachdem seit 1983 über 44 Millionen Kubikmeter Sand an der Westküste aufgespült worden sind, zeigt sich eine durchweg positive Bilanz. An mehr als der Hälfte des Weststrandes dehnen sich die Dünen mittlerweile weiter nach Westen aus als noch 1990. Dieser Erfolg ist aber auch der Tatsache geschuldet, dass die Sturm- und Orkanhäufigkeit laut Bundesamt für Seeschifffahrt und Hydrographie (BSH) in den letzten 30 Jahren nicht zu-, sondern sogar leicht abgenommen hat. „Eine Zunahme der Anzahl von Sturmfluten in der Zukunft ist aus Beobachtungen nicht abzuleiten." (BSH 2015)

Das Rote Kliff wurde durch die Orkanflut 1962 vor Wenningstedt bis an die erste Häuserzeile zurückgesetzt. Die Hotels und Villen mussten gesprengt und abgeräumt werden.

Vorangehende Doppelseite: Orkanflut am 18. Oktober 1936 an der Strandpromenade von Westerland – eine der schwersten Sturmfluten des 20. Jahrhunderts.

Nachdem ich einem Reporter das natürliche Riff nur wenige Hundert Meter vor der Strandpromenade von Westerland gezeigt habe und ihm in die Kamera erkläre, wie wichtig das für Sylt ist und wie viel Energie der augenblicklich über vier Meter hohen Wellen bereits dort vernichtet wird, stellt er mir die Frage: „Was erwarten Sie denn für die Insel in den nächsten 50 bis 100 Jahren?" Natürlich habe ich bereits unzählige Male darüber nachgedacht und mich auch schriftlich dazu geäußert, aber trotzdem neige ich dazu, wieder mal kurz innezuhalten. Insbesondere wenn es um Unwägbarkeiten wie etwa die zu erwartende zukünftige Entwicklung von Sturmfluthäufigkeiten oder um den Anstieg des Meeresspiegels geht, vertraue ich gern auf das Fachwissen von Kollegen.

Mir fällt spontan ein Gespräch mit dem Klimaforscher Prof. Dr. Mojib Latif ein, und so antworte ich: „Sturmfluten wie heute wird es natürlich auch in Zukunft geben. Da ich mittlerweile auf 50 Jahre Veränderungen auf Sylt zurückblicken kann und sich diese doch sehr in Grenzen hielten, wäre meine Prognose, dass sich Sylt vermutlich auch in den nächsten fünf Jahrzehnten so gut wie nicht verändern wird. Trotzdem wird die alte Strandhalle in List, die in den vergangenen 50 Jahren als einziges und vorläufig letztes Gebäude 1986 nach einer Sturmflut von den Dünen ins Meer gerutscht ist, in näherer Zukunft nicht das letzte Gebäude bleiben, von dem sich Insulaner wie auch Gäste verabschieden müssen."

Ein Untergangsszenario wie das Versinken des sagenumwobenen Inselreichs Atlantis wird es wohl kaum geben, auch ist ein „Zerbrechen" von Sylt so gut wie auszuschließen. Da die beiden Inselenden, also die Halbinseln nördlich von Kampen und südlich von Westerland, in ihrer Länge immer vom Sandnachschub abhängig sind, könnten sie zukünftig kürzer werden, eine Abtrennung wird aber nicht stattfinden.

In ganz ferner Zukunft werden wohl nur noch Reste der alten Geestkerne aus den Fluten der Nordsee ragen, bis auch diese wiederum nach Tausenden Jahren bei weiter ansteigendem Meeresspiegel den Sturmfluten anheimfallen. Bis dahin wird aber noch viel Zeit ins Land gehen, und unzählige Generationen werden die Schönheit und Einmaligkeit dieser Insel im Gezeitenstrom entdecken und erleben können.

Folgende Doppelseite:
Die Wellen schlagen mehrere Meter hoch, Windgeschwindigkeiten von 85 Stundenkilometern werden gemessen: So erlebt Sylt die erste Sturmflut im Herbst 2014.

Wo die Avantgarde baden ging

von Kristine von Soden

Von weit oben im Himmel, vom Blick der Möwen und Seeschwalben aus, liegt sie wie eine schmale, zarte Ballerina auf dem Meer. In federleichter Haltung, den rechten Arm grazil über ihren Kopf gebeugt, den linken wie mit einem wehenden Tuch aus dicht gewebtem gurgelndem Seetang umhüllt, zur Seite gestreckt. Sie lässt sich treiben. Träumt. Hat die Augen geschlossen. Sanfter Wind hat Meerestropfen aus den Wellen auf ihre Wimpern geweht. Perlmuttkugeln gleich schillern sie im Sonnenlicht. Rätselhaft – die Bedeutung ihres Namens. Die eine Silbe nur. Sylt!

Lange wurde aus den dänischen Gewässern angespült, dass das Ypsilon früher (als die Insel zu Dänemark gehörte) ein „i" gewesen sei und mithin vom dänischen „Sild" stamme, was übersetzt „Hering" heißt. Dafür spricht, dass seit dem 17. Jahrhundert ein Hering im Wappen der Insel schwimmt und die Sylter damals Heringsfischer gewesen sind. Doch geschmeidiger wird der Körper der schönen Windsbraut von der Wortbedeutung „Silandi" umhüllt. Diese Vokalmelodie führt C. P. Hansen darauf zurück, dass die Insel „nur der Rest" von einem untergegangenen größeren „Seelande" sei und folglich „der Name Sylt oder vielleicht richtiger Silt" eine bloße Kurzform des alten „Silandi" darstelle. Hansen, Jahrgang 1802, der schon als kleiner Junge Sylter Sagenschätze ausgrub und nachts, wenn die Dielen knarrten, Puken hörte, wird es gewusst haben. Außerdem trägt die Heringsversion doch zu sehr auch den Beigeschmack jenes kalten Gabelbissens, den der schwedische Industrielle August Lysell zusammen mit einem Hamburger Kaufmann 1928 erstmals in Konservenbüchsen verfrachtet, unter dem bis heute gültigen Primat, dass laut Firmenphilosophie, „Geschmack, Farbe, Konsistenz und optisches Erscheinungsbild stets gleich bleibend sind". Passt das zu unserer Windsbraut? Und in der Tat stammt sie aus jenen Tagen, als die nordfriesische Küste noch einen zusammenhängenden, weit ausholenden Rundbogen von Sylt bis zur Halbinsel Eiderstedt bildete, bis 1362 ein gefräßiger Orkan dieses „Seeland" fast komplett verschlang und von der Landkarte radiert hat. 1889 konstatiert *Meyers Konversationslexikon:* „Sylt (silt, v. altfries. Silendi, ‚Seeland'), Insel in der Nordsee (...) von Norden nach Süden 36 km lang, 1–14 km breit und zählt 3410 Einw."

In der zweiten Hälfte des 19. Jahrhunderts treffen die ersten Maler vom Festland ein, mit Pinsel, Farben und Staffelei. Wilhelm von Kügelgen und Ludwig Richter zum Beispiel. 1895 weilt Christian Morgenstern auf Sylt und hat beim Wirbel über Land und See vielleicht daselbst zum ersten Mal das Weib erschaut, nach dem er oft gespäht in Luv und Lee, als wie nach einer sehr erwünschten Braut … Von einem Fenster in seinem Sylter Quartier sieht der der Nordsee verfallene Dichter, wie „die offene See Tag und Nacht brausend heranbrandete", getrieben von Wind, der die Geliebte bezwingen soll. Nie ist indes kalkulierbar, ob sie ihn wollüstig, willig empfängt oder abblitzen lässt, in lasziver Pose gelangweilt daliegt oder für einen prickelnden Flirt zu haben ist.

Als erster Maler aus der Kunsthochburg Weimar besucht Max Beckmann im Sommer 1902 Sylt. Dann rückt die Malerelite aus Worpswede an: Heinrich

Vogeler, Fritz Mackensen, Fritz Overbeck. Letzterer kann sich an den „wundervollen Linien der Dünen und des Strandes" kaum satt sehen und schwelgt 1903 in einem Brief an seine Frau vom „Schillern, das besonders bei heiterer blauer Luft auf dem Wasser liegt", von der inneren Verwandtschaft, die er zu allem verspürt, vom kräftigen Wind. Die Hymnen auf die Reize der Insel wollen kein Ende nehmen. Jeder, der sie sieht, fühlt, schmeckt, spürt auf der Stelle, wie sein Puls zu rasen anfängt. So auch Alfred Kerr. Als er 1906 auf das Frieseneiland fährt und von der „klippigen Riesennatur in die rollenden Wasser starrt", staunt der um Worte sonst nie verlegene Theaterkritiker nur.

Unterdessen entwickelt sich „Haus Uhlenkamp" in Kampen zum Sylter Szenetreff für Maler, Musiker,

Die ersten Künstler, die auf Sylt eintrafen, malten noch plein air – also im Freien und bei natürlichem Licht. So auch dieser unbekannte Maler, der von neugierigen Bewunderern umgeben ist.

Im „Haus Kliffende" in Kampen finden seit den 1920er-Jahren viele Künstler ihr Sylter Zuhause. In dem reetgedeckten weißen Refugium am Meer treffen sich jene, die sich in Kunst, Literatur und Politik einen Namen gemacht haben, um Atem zu holen, angezogen von der besonderen Atmosphäre dieses Hauses, das damals Clara und Heinrich Tiedemann hüten.

Lebensreformer, Literaten unterschiedlichster Couleur. Zu den ersten bekannten Gästen aus Berlin zählen die Secessionsmaler Walter Leistikow und Hans Baluschek, aus München ihre Kollegen Wilhelm Lehmann und Franz von Stuck. Mitglieder des Hamburgischen Künstlerclubs schauen beim Hausherrn Ferdinand Avenarius, dem Gründer der Zeitschrift *Der Kunstwart*, vorbei, Friedrich Schaper und Artur Illies zum Beispiel.

Die Sylter machen sich nichts aus den Fremden. Begegnen ihnen mit norddeutschem „Kehr di an nix". Passen aber auf, dass die Kasse stimmt. Außerdem reden sie untereinander Söl'ring, das Sylter Friesisch, das kein Inselbesucher versteht.

Für Wenningstedt entscheidet sich 1904 auch der Maler Karl Schmidt-Rottluff, der ein Jahr später mit Erich Heckel, Ernst-Ludwig Kirchner und Fritz Bleyl in Dresden die Künstlergruppe *Die Brücke* aus der

74

„Haus Uhlenkamp" in Kampen (links), das Ferdinand Avenarius (1856–1923, oben) 1903 in eigenwilliger Architektur erbauen ließ, existiert nicht mehr. Es wurde 1968 abgerissen. Aber die Erinnerung an den Begründer des Naturschutzes auf Sylt ist geblieben.

Taufe hebt. 1906 wird Ivo Hauptmann in den Wenningstedter Gästelisten geführt. Der älteste Sohn Gerhart Hauptmanns wächst bei seiner Mutter in Dresden auf, während Vater eine Neue hat. Auf Empfehlung Max Liebermanns erhält der zwanzigjährige Dichtersproß beim „deutschen Impressionisten" Lovis Corinth (auch er reist ab 1908 mehrfach nach Sylt) privaten Malunterricht, ehe er sich an der Kunstschule in Weimar immatrikuliert. Begleitet von Scheidungsgrund Margarete Marschalk besucht Gerhart Hauptmann seinen Einsamkeit liebenden Sohn, alle zusammen übernachten im Wenningstedter „Hotel Friesenhof". Erste Kontakte entstehen um diese Zeit auch zum Netzwerker Avenarius. Hauptmanns Königreich Hiddensee ist noch Fiktion.

Sylt boomt. Die Gästezahlen nehmen fünfstellige Formen an. 1911 jubelt ein Inselprospekt über die Reiseverbindungen. Nach den Wirren des Ersten

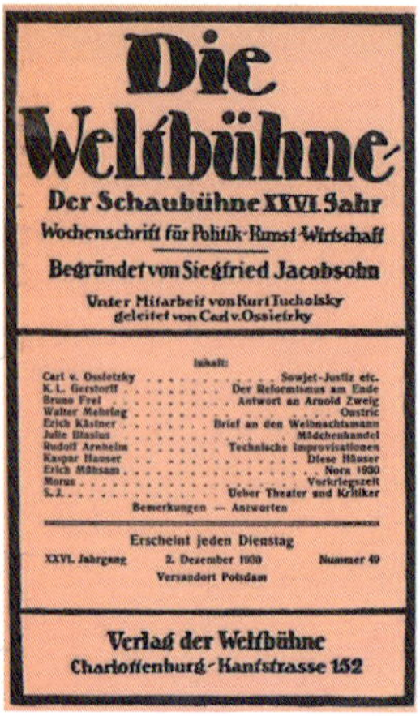

Die Weltbühne

Der Schaubühne XXVI. Jahr

Wochenschrift für Politik · Kunst · Wirtschaft

Begründet von Siegfried Jacobsohn

Unter Mitarbeit von Kurt Tucholsky geleitet von Carl v. Ossietzky

Inhalt:

Carl v. Ossietzky	Sowjet-Justiz etc.
K. L. Gerstorff	Der Reformismus am Ende
Bruno Frei	Antwort an Arnold Zweig
Walter Mehring	Oustric
Erich Kästner	Brief an den Weihnachtsmann
Julie Blasius	Mädchenhandel
Rudolf Arnheim	Technische Improvisationen
Kaspar Hauser	Diese Häuser
Erich Mühsam	Nora 1930
Morus	Vorkriegszeit
S. J.	Ueber Theater und Kritiker

Bemerkungen — Antworten

Erscheint jeden Dienstag

XXVI. Jahrgang 2. Dezember 1930 Nummer 49

Versandort Potsdam

Verlag der Weltbühne

Charlottenburg · Kantstrasse 152

Auch den Herausgeber der *Weltbühne*, Siegfried Jacobsohn (1881–1926), zieht es nach Sylt. Von seinem Haus in Kampen organisiert er die Redaktion der renommierten Zeitschrift, für die damals viele bekannte Schriftsteller arbeiten.

Weltkriegs wird der Sylter Kurbetrieb wieder aufgenommen. Im Sommer 1919 erwirbt der Journalist Siegfried Jacobsohn den „Lüerhof", ein altes Friesenhaus. Und seine *Schaubühne* hat er inzwischen in *Weltbühne* umbenannt. Im Sommer 1920 kreuzt die absolute Schocknummer Valeska Gert in Kampen auf. „Sie möchte immerzu, aber auf dieser geschmackvollen Insel findet sich keiner", spottet Jacobsohn. Andererseits amüsiert er sich über die Berliner Groteskänzerin, die eigentlich Gertrud Valesca Samosch heißt und wie er jüdischer Herkunft ist. 1921 steht Thomas Mann vor Jacobsohns Tür. „Der alte Waterkantler hatte die Insel nicht gekannt", wird an Kurt Tucholsky gefunkt, „und ist so erschlagen, dass er sofort entweder ein Friesenhaus oder Terrain kaufen will." Thomas Manns „Ankaufpläne" zerschlagen sich. Was keiner bereut. Denn das geistige Kampen ist für damalige Verhältnisse langsam, aber sicher rappelvoll. Der Feuilletonist Victor Auburtin tut sich gütlich beim Austernschlürfen in List. Die *Brücke*-Maler Otto Mueller und Erich Heckel sind mit Skizzenblock am Strand unterwegs. Zu Jacobsohns Freunden und Gästen gehören die Dramaturgen Herbert Ihring und Felix Hollaender, die Sängerin Emmi Leisner, der Kunsthändler Alfred Flechtheim, der Maler Rudolf Levy, der *Simplicissimus*-Karikaturist Karl Arnold, der Komponist und Dirigent Otto Klemperer und, und, und. 1923 kommen die Zürcher Dadaisten um die Künstlerin und Ausdruckstänzerin Sophie Taeuber und den Bildhauer und Dichter Hans Arp nach Sylt. Die wohl radikalsten Vertreter der europäischen Avantgarde fallen auf der Insel durchaus auf. Wollen sie

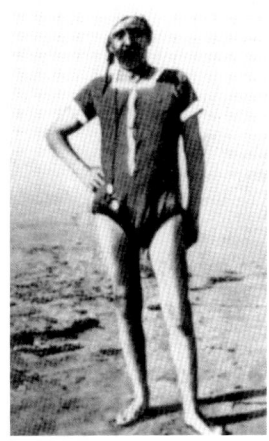

Oben: Der Feuilletonist
Victor Auburtin
(1870–1928) schreibt im
Berliner Tageblatt eine
beeindruckende Reportage
über Sylt, auf der Insel
macht er sich als Lebens-
künstler einen Namen.

Links: Der Maler Magnus
Weidemann (1880–1967)
hat seit 1926 seinen Wohn-
sitz in Keitum. Seine
Gedanken zur Freikörper-
kultur veröffentlicht er
unter dem Titel „Deutsches
Baden", seine Aktfotogra-
fien sind damals Kult.

auch. Mit ihren Nonsensversen, ihrem Hass auf den
Bourgeois und Spott über den Spießbürger – Aus-
druck ihrer Antihaltung gegenüber Militarismus
und Größenwahn. Mit Sophie Taeuber, die Arp 1922
heiratet, ist er im legendären „Cabaret Voltaire", der
Schweizer Urzelle des Dadaismus, aufgetreten.
Bizarre Performances legten dort beide aufs Parkett.
Er, schlank und smart, 1886 im damals deutschen
Straßburg geboren. Sie, um drei Jahre jünger, attraktiv,
aus Davos stammend, erstklassig geschult von Rudolf

Die Künstler entdecken Kampen, bevor der Ort zu einer Touristenattraktion wird: hier Ruth Albu, Hubert von Meyerinck, Winifred Wagner, Erich Kleiber, Friedrich Hollaender, Margo Lion, Marcellus Schiffer und Marion Palfi am Strand.

von Laban, jenem Star moderner Tanzschrift, zu dessen Meisterschülerinnen Mary Wigman gehört, bei der wiederum Gret Palucca später in Dresden die hohe Kunst der Bewegung lernt. Die Welt ist klein, und Sylt ist groß. Seit 1924 ist Gret Palucca Sylter Dauergast. 1973 erschien ein Porträt über sie in der *Sylter Rundschau*, in welchem die gefeierte Tänzerin offenbart: „Ich bin eine Sylterin!" Das ging den Insulanern natürlich runter wie Öl, zumal Gret Palucca auch Hiddensee eng verbunden war und dort ein kleines Sommerhaus besaß.

Vom Sylt-Fieber ihrer Zürcher Freunde angesteckt, reist 1924 die Berliner Dadaistin Hannah Höch nach Sylt. Sie hat in Berlin bei Emil Orlik studiert (auch ein Sylter Sommerfrischler!) und dort 1915 Raoul Hausmann kennengelernt, den führenden

Kopf der Berliner Dada-Szene um George Grosz, John Heartfield, Wieland Herzfelde, Max Ernst und so weiter und so fort. Höch und Hausmann verlieben sich, sind zusammen ungemein produktiv, brüskieren den bürgerlichen Kunstbetrieb mit avantgardistischen Fotomontagen. 1922, im verflixten siebten Jahr, zerbricht die intensive und immer komplizierter gewordene Liebesbeziehung am notorischen Fremdgeher Raoul Hausmann. Hannah Höch nutzt die Insel Sylt, um ihre Seele zu baden und sich künstlerisch neu auszuprobieren. Mit dem Spachtel buchstäblich dick aufgetragen malt sie 1924 eine *Landschaft bei Wenningstedt* – reduziert in den Formen, extrovertiert in den Farben Braun, Rotbraun, Ocker, spätsommerlich Rotorange. 1928 kommt sie noch einmal wieder, übernachtet im „Hotel zum Kronprinzen" in Wenningstedt, um angetrieben vom Sehnsuchtsschmerz, wie Biografen vermuten, Raoul Hausmann zu sehen. Der indes probt seit 1926 Sommer für Sommer in den Sylter Dünen die sexuelle Revolution. Mit welchen Auserwählten? Elfriede Hausmann, seiner geschiedenen ersten Frau, und der Malerin Hedwig Mankiewitz. Urlaubsadresse: die unter Künstlern beliebte „Villa Wüstenfeld" in Wenningstedt. 1927 dreht sich das Roulette. Elfriede wird ausgemustert. Hedwig bekommt die neunzehnjährige Vera Broido, Tochter einer in Berlin lebenden russischen Revolutionärin, vor die Nase gesetzt. „Freie Liebe" nennt sich das Experiment, das die Fortpflanzung vom sexuellen Vergnügen trennt.

Sylt beginnt mehr und mehr zu vibrieren. Und speziell die Berliner Luft weht jenes Gemisch aus

Bereits 1920 kreuzt die „Schocknummer" Valeska Gert (1892–1978) in Kampen auf. Die Tochter eines wohlhabenden jüdischen Kaufmanns provoziert mit exzentrischen Tänzen.

mondänem Leben, Lasterhaftigkeit und einer von Talenten nur so überschäumenden Epoche heran. Die ersten Gäste, die vom Licht in den Friesenstuben profitieren, sind im August 1924 Wassily und Nina Kandinsky in der „Villa Wüstenfeld" in Wenningstedt. Desgleichen Kurt Schwitters, der den Flutsaum nach angeschwemmten kleinen Holzteilchen für seine Collagen durchkämmt, ähnlich wie ein Jahr zuvor auf Föhr, wo er seine legendäre Ursonate angestimmt hat: „Er zischte, sauste, zirpte, flötete, gurrte, buchstabierte", schreibt Hans Arp, der bei jenem Spontanauftritt dabei war.

Eher kontraproduktiv wirkt sich die Nordseelandschaft auf Alexej von Jawlensky aus. Auch er ist im August 1924 Sylter Gast nebst Gattin Helene Nesnakomoff und Sohn Andrej in der Alten Dorfstraße in Kampen. Zwar malen beide, Vater und Sohn, die Familie macht mit Kandinskys Inselwanderungen. Doch Alexej kann Sylt so gar nichts abgewinnen, wollte sich „erhängen, so schrecklich war es, aber nicht mal einen Baum gibt es dort". Für andere wiederum bietet die Insel eine ideale Kulisse, um sich zu inszenieren. Zum Beispiel für die Schauspielerin Carola Neher, so ihr Kollege Hubert von Meyerinck, genannt „Hubsi", in seinen Erinnerungen: „Die Neher, die hinreißende Polly aus der *Dreigroschenoper*, nahm immer das an, was ihrem jeweiligen ‚amand' gefiel. Damals in Kampen hatte sie gerade eine Liaison mit einem Grafen, also fuhr sie im Chrysler spazieren, im Fond einen kleinen Scotch Terrier."

Ab 1925 wird in Kampen fleißig gebaut. Pensionen entstehen im Dorf und auf dem Hoogenkamp. Gret

Oben: Thomas Mann reist 1921 zum ersten Mal auf die Insel und besucht den *Weltbühne*-Herausgeber Siegfried Jacobsohn. Obwohl er von Kampen und seiner Umgebung fasziniert ist und es ihn immer wieder nach Sylt zieht, wird er in Nidden auf der Kurischen Nehrung sein Sommerhaus beziehen.

Links: Auch 1927 besucht der große Schriftsteller mit seiner Familie Sylt. Am Strand von Kampen posieren sie am 5. September in Badeanzügen: Thomas Mann mit weißer Mütze, seine Frau Katja Mann und seine Kinder Elisabeth und Michael.

Palucca liebt den Herbst. Am Lister Ellenbogen läuft sie unauffällig wie immer, das Haar zerzaust, barfuß am Strand, wandert am verlassenen Meer, sucht Steine, beobachtet die Flugschwünge der Möwen, inhaliert die gesunde Luft. Ihr Lieblingsquartier ist ein kleines Häuschen neben dem Leuchtturm am Lister Ellenbogen, das der Familie Dethlefs gehört. Bescheiden, nahezu anspruchslos lebt sie dort, isst viel frisches Obst, erholt sich von ihren aufreibenden Tourneen nach Oslo, Stockholm, Amsterdam, Paris, Wien, Budapest. Spätestens 1926, als Kapitän Dethlefs sein erstes Fahrgastschiff „Gret Palucca" tauft, ist die Tanzlegende auf der ganzen Insel ein Begriff. Im selben Jahr hält Wassily Kandinsky ihre Bewegungen in grafischen Skizzen fest und empfiehlt, sie „in Zeitlupe" aufzunehmen, um ihre neue Ästhetik, das

Nachdem der Hindenburg-
damm 1927 eröffnet wor-
den ist, steigen die Gästezahlen dramatisch: Auch
Marlene Dietrich (oben)
zieht es auf die Insel. Max
Schmeling (unten) wird
erst in den 1930er-Jahren
berühmt. Er macht Station
in Westerland.

Gegenteil zum „Exerzierdrill der Revue-Girls", so wörtlich Palucca, exakt wahrnehmen zu können.

Über den Hindenburgdamm, heute die lukrativste Kurzstrecke der Deutschen Bahn, reisen ab 1927 Hunderttausende nach Sylt, Ankunft in Westerland. Die Überfahrt ist 11,2 Kilometer lang. Der Touris-mus wird für viele Sylter zur sprudelnden Einnah-mequelle. Die Gästezahlen steigen allein in Kampen von rund 1560 vor dem Dammbau auf über 3660 schon ein Jahr danach. Im etwa gleichen Zeitraum werden sieben Kampener Höfe an Fremde verkauft. Und das einst winzige Fischerdorf wächst und wächst, hat sich 1928 auf 75 Häuser ausgedehnt. „Überall, wohin man sah, lagen auf den Fensterbän-ken der kleinen Bauernhäuser zerlesene Bücher herum, unter denen das Rot der Dostojewski-Bände überwog", schreibt Hermann von Wedderkop in sei-nem Romandebüt *Adieu Berlin* (1927), einem schil-lernden Sittengemälde der Insel Sylt, speziell von Kampen und seiner „Bohème": „Was gestern noch am Kurfürstendamm spazieren ging, liegt plötzlich hier am Strand."

Auch Westerland hatte hochkarätigen Besuch: Box-legende Max Schmeling, Hans Albers („Ich küsse Ihre Hand, Madame!"), Filmtraummann Willy Fritsch oder 1928 Marlene Dietrich im weißen Rolls-Royce. Für den *Blauen Engel* wird sie ein Jahr später als Lola Lola ausgewählt, von Kopf bis Fuß auf Liebe eingestellt. Der Komponist und Texter des Ohr-wurms, Friedrich Hollaender, wohnt um diese Zeit in Kampen bei Clara Tiedemann im wenige Jahre zuvor errichteten „Haus Kliffende". Desgleichen Ver-leger Ernst Rowohlt mit Ehefrau „Steppenwolf". Der

Spitzname geht auf das Konto von Rowohlt-Autor Joachim Ringelnatz. Auch er besucht Sylt. Wenn auch nur ein einziges Mal (sofern die Kurlisten verlässlich sind). Und warum „Steppenwolf"? Weil die lettische Schönheit Hilda Pangust, genannt Billa, Rowohlts zweite Frau, stets wie ein fremdes Fabeltier inmitten der Schriftsteller sitzt, freundlich zwar, aber meilenweit entfernt. So auch auf Sylt, wo Rowohlt, „der Seehund", im Schlepptau der von ihm 1925 gründeten *Literarischen Welt* schreibende Prominenz in Hülle und Fülle nach sich zieht. Die Liste seiner Autoren ist lang. Über zweihundert Namen sind es damals bereits. Hinzu kommen Rowohlts Berliner Freunde aus dem Dunstkreis des „Romanischen Cafés" wie zum Beispiel Hans Sahl. Mit ihm, dem jüdischen Film- und Theaterkritiker, der im April 1933 gerade noch den letzten Zug raus aus Nazi-Deutschland nach Prag erwischt, trifft sich Rowohlt in Kampen – ausgeflippt und durchgeknallt. Überliefert von Hans Sahl, der mit Mitte zwanzig sein Sohn hätte sein können: „Wir schockierten die Bürger von Kampen dadurch, dass wir uns frisch geräucherte Bücklinge kauften und eine Flasche Korn und auf der Kurpromenade vor den Augen der entsetzten Spaziergänger die Bücklinge in der Luft zerrissen und die Köpfe und die Häute verächtlich hinter uns in den Sand warfen. ‚Es lebe die Anarchie!', rief Rowohlt und schwenkte die Schnapsflasche."

Joachim Ringelnatz (oben), Kabarettist, Maler und Verseschmied, besucht nur einmal Sylt. Ernst Rowohlt (unten), der große Verleger, ist dagegen Dauergast. Auch er und seine Autoren sorgen für den legendären Ruf der Insel als Geheimtipp für Lebenskünstler aller Art.

Nacktbaden auf Sylt

Das Nacktbaden auf Sylt hat eine lange Tradition. Es ist auch nicht von den Kurgästen erfunden worden, vielmehr waren die Sylter selbst die ersten Badenden ohne Bekleidung. Schon in den 1850er-Jahren empfahl der Arzt Otto Jenner vor allem Hautkranken, ohne Textilien ins Meer zu gehen. Diesem Rat sind wahrscheinlich nur wenige gefolgt, weil die Badesitten in wilhelminischer Zeit mehr als prüde waren. So wurde 1902 in Westerland das Familienbad eingerichtet. Damen- und Herrenbadestrand waren getrennt, und für Junggesellen war diese Zone tabu.

1927 erhielt der erste Nacktbadestrand auf der Insel seine „landespolizeiliche Ausnahmegenehmigung". Erst jetzt in den „Goldenen Zwanzigern" wurde man freier. Im Norden von Kampen, in Klappholttal bei der heutigen Akademie am Meer, wurde das erste Revier zum nackten Sonnen und Baden eingerichtet. Nach dem Zweiten Weltkrieg wurden bestimmte Küstenabschnitte für die Freikörperkultur reserviert und mit abenteuerlichen Namen versehen – wie „Abessinien", „Sansibar" und „Samoa". Zum wohl berühmtesten Sylter Nacktbadestrand wurde durch die regelmäßige Berichterstattung in den Massenmedien die „Buhne 16" vor Kampen. In den prüden 1950er-Jahren gab es zahlreiche Proteste gegen das Nacktbaden, die noch 1961 zu einer Polizeiaktion gegen die Anhänger der Freikörperkultur führten.

Diese Vorfälle sind heute vergessen. Viele lassen am Strand dort ihre sieben Sachen fallen, wo sie gerade baden – und niemand stört sich daran. Und es ist ja auch ein besonderes Gefühl, sich „ganz ohne" in die Nordseebrandung zu stürzen und die salzige Luft und das prickelnde Wasser auf der Haut zu spüren.

Folgende Doppelseite: Die Sylter selbst waren es, die Mitte des 19. Jahrhunderts als Erste oben ohne ins Meer stiegen. Unter dem Einfluss der Jugendbewegung entstand nach 1900 die Freikörperkultur (FKK), auch „Naturismus" genannt. Nach dem Zweiten Weltkrieg wurde die „Buhne 16" bei Kampen zum Inbegriff der Nackedei-Kultur.

Wolkenbogen ziehen krönend

Sylt in der Malerei der Gegenwart

von Thomas Gädeke

Diese Insel hat einen sehr großen Vorteil, was keine andere der deutschen Inseln hat. Sie hat eine strenge Nord-Süd-Ausrichtung. Dazu kommt, dass ihre West-Ost-Ausdehnung außerordentlich schmal ist. Was in den Niederlanden zwischen Zuiderzee und Meer relativ große Entfernungen sind, um von einer Wattenlandschaft zur Meereslandschaft zu gelangen, das kann man auf Sylt, etwa bei Rantum, auf 500 Metern erleben, nämlich eine zum Westen hin orientierte Strandfront, die voll von überwiegenden Winden in jeder Jahreszeit getroffen wird – deshalb auch der hohe ruinöse Zustand der Insel –, und dieses bukolische, friedevolle, leicht glucksende Watt, das wenige Hundert Meter dahinter ist.

Mit diesen Worten hat der älteste der heutigen Sylt-Maler, der 1929 geborene Hamburger **Wolfgang Klähn**, in einem Rundfunkinterview die Besonderheit Sylts ebenso nüchtern-sachlich wie poetisch-treffend charakterisiert. Seine Kunst, aber auch die der anderen hier besprochenen Künstler ist davon – bewusst oder unbewusst – bestimmt.

Klähn, der seit 1963 Motive der Insel malt, hat sich in seinem Schaffen der Deutung von Leben verschrieben. Seine Bilder bringen eine eigentümliche Evolution von der biologischen Zelle über einfache vegetabile Lebensformen wie Halme, Blüten und Früchte bis hin zur menschlichen und tierischen Figur, die er nach den Gesetzen der Natur gleichnishaft in seinen Bildern entstehen lässt, nie aber in den Formen der Natur direkt abbildet. Damit kommt er von nahezu abstrakten Formen von Zellen, die an Paul Klee erinnern, zur Figur, die auf organische Weise in seinen Bildern aus dem biologischen Umfeld hervorwächst.

Dem Aufbegehren der Elemente im Unwetter antworten Dünengräser, Häuser und selbst die Malersignatur in *Wolkenbogen über Rantum*, die Wolfgang Klähn 1966 mit einer Möwenfeder und schwarzer Tusche zeichnete.

Mit seinen Sylt-Bildern überträgt er diesen innovativen Ansatz in die Landschaftsmalerei und schildert die einfachen Formen des Lebens am Saum des Meeres, wo das Salzwasser auf den Strand trifft. Unter Einfluss des Regens wird Salz aus dem Sand herausgewaschen, und es bilden sich in seinen Bildern zunächst einfache Gräser und sodann komplexere Pflanzen auf den Dünen. Das umfangreiche Werk an Aquarellen in leuchtenden Farben und prägnanten Feder- und Pinselzeichnungen kann hier nur mit einem Beispiel vorgestellt werden.

Die Zeichnung *Wolkenbogen über Rantum* von 1966 zeigt in furiosem Strich der Möwenkielfeder die Gewalt des Unwetters, das sich über Häusern und Wattwiesen ausregnet und ungeheure aufsteigende

und niederdrückende Kräfte entfaltet. Die titelgebenden Bögen der Wolken scheinen Schriftzeichen zu enthalten, als würde Neptun wie auf dem Bild des Rubens in der Dresdner Galerie dem Windgott sein „Quos ego" (Euch werd' ich) entgegenschleudern, um ihn zur Stille zu fordern.

Klaus Fußmann, geboren 1938, ist Rheinländer. Die Jahre seiner Ausbildung hat er in Essen und Berlin verbracht, wo er ab 1974 eine Professur für Malerei innehatte. Seit 1972 kommt er nach Schleswig-Holstein. Bald baute er ein Atelier in der Geltinger Bucht und verbringt seither das halbe Jahr im Norden, wo er insbesondere die Ostseelandschaft mit ihren Küsten, den Feldern mit Raps und Weizen, aber auch den eigenen Blumengarten

Für einen Moment möchte man an Mark Rothkos Streifenkompositionen denken, wäre die strenge Bildordnung in Klaus Fußmanns Aquarell *Sylt* von 1982 nicht von feurigem und sensiblem Naturbezug bestimmt.

Gar nicht archaisch ist das luxuriöse Spiel in der Brandung, das sich der moderne Mensch leisten kann, da er nicht mehr sein Dasein den Elementen abringen muss. Rainer Fettings Gemälde *Ballspiel am Meer* von 2010 bannt gleichwohl diese Elemente in ihrem Licht.

immer wieder zum Motiv seiner Gemälde und Grafiken wählt. Er hat sich ebenfalls dem Thema der Figur auf eine innovative Weise gestellt und Gestalten und Porträts in der Landschaft in eigenwilliger Symbiose gemalt.

Das hier gezeigte Aquarell *Sylt* von 1982 zeigt die auf und ab tanzenden Wogen der Brandung des Weststrands eingefügt zwischen dem dunkel aufziehenden Wetter am fernen Horizont, dem sich zu strahlender Helligkeit klärenden Himmel darüber und dem in der Farbe darauf antwortenden Strand im Vordergrund.

Der in Wilhelmshaven 1949 geborene Maler **Rainer Fetting** unterhält seit 2008 ein Atelier auf der Insel. So wie Fetting in den 1980er- und 1990er-Jahren das Leben in der Großstadt New York in seine Bilder geholt hat und diesem in Landschaften von der Küste Kaliforniens ein Widerlager gab, so hat er später dem Mittelpunkt seines Schaffens Berlin die Auseinandersetzung mit der Natur auf Sylt an die Seite gestellt. Damit folgt er dem Lebensentwurf seines Berliner Lehrers Hans Jaenisch, der die Nordsee auf Amrum aufsuchte. Impulse des Spontanen, Tosenden, Heftigen findet er im Leben der Metropole ebenso wie in der wilden Natur zwischen Sylter Weststrand und Wattenmeer.

In einer ganzen Reihe von Bildern bringt Fetting das Thema des Ballspiels, das ihn einlädt, die Dynamik rascher Aktion in einem Moment zusammenzufassen. Die zurückweichende Bewegung im Fangen des Balls von einem schemenhaften Gegenüber wird in seinem *Ballspiel am Meer* ergänzt durch ein Vorwärtsstürmen, das die Gischt aufspritzen lässt. Das Ganze ist in intensives Sonnenlicht gesetzt, das die Figuren bescheint und das transparente Sommermeer durchdringt.

Sein Leben teilt **Ingo Kühl**, geboren 1953, zwischen Berlin und seinem Geburtsland Schleswig-Holstein. Nach einer Architektenausbildung studierte er Malerei in Berlin. Er ist derzeit der einzige nennenswerte Maler, der auf der Insel Sylt (in Keitum) ansässig ist. Ebenso wie Fußmann und Fetting – früher war es Nolde – liebt er das andere Standbein in der Großstadt Berlin. Kühls Kunst ist immer wieder vom abstrakten Tachismus beeindruckt, orientiert sich aber an den elementaren Gewalten, die auf der Insel zu erleben sind. Der Reichtum der Wolkenbildungen und der Ansichten des Meeres ziehen ihn stark an und inspirieren ihn zu seinen Bildern.

Sowohl als Reiz einer ange-
nehmen ungegenständlichen
Komposition im Sinn des
abstrakten Tachismus als
auch als Deutung von Licht,
Himmel und Wasser kann
das Gemälde Ingo Kühls
Westmeer III von 2011 gesehen werden.

Die aufgeworfenen Meereswogen auf seinem Bild
Westmeer III verschmelzen mit Licht und Schwere der
Wolken zu einer malerischen Sinfonie, welche die
Naturgewalt und die unergründliche Tiefe des Meeres
thematisiert.

Vor über 25 Jahren hat sich die Gruppe der Norddeutschen Realisten nach einem Anstoß des Berliner
Malers Manfred Bluth, in der Natur nach Sicht zu
malen, in Schleswig-Holstein zusammengefunden.
In dem gemeinsamen Bemühen, wie einst die frühen
modernen Maler (Camille Corot und die Maler von
Barbizon) im Freien zu malen, haben sie aus der Not,
dies nirgends gelehrt zu finden, die Tugend gemacht,
sich im gelegentlichen gemeinsamen Malen auf
Symposien zu üben und einander in gegenseitiger
Korrektur zu fördern. Unter der Leitung von Niko-
laus Störtenbecker, der sich als Organisator und
Garant für künstlerisches Niveau der Teilnehmer
bewährt hat, finden die Malsymposien in der Regel

jährlich zu unterschiedlichen Themen und Landschaften statt. Immer wieder von Ausstellungen und
Publikationen begleitet, sind die Aktivitäten der
Norddeutschen Realisten zu einem festen Begriff und
ihre Bilder zu Lieblingen des Publikums geworden.
Dabei verstehen sich diese Maler nicht in erster Linie
als Mitglieder einer Gruppe oder Vertreter einer
bestimmten Richtung. In wechselnder Zusammenset-
zung malen sie hin und wieder gemeinsam und
betreiben sonst ihre Laufbahn ganz individuell.
2013 fand eine Retrospektive der besten Bilder von
18 ihrer Maler im Landesmuseum auf Schloss Gottorf statt. Die Ausstellung war ein großer Erfolg –
zwei Auflagen ihres Katalogs wurden ausverkauft.
Die Gruppe erhielt den Kunstpreis der Schleswig-
Holsteinischen Wirtschaft. Es war zu spüren, dass
eine traditionelle Landschaftsmalerei vor der Natur
dann Erfolg hat, wenn sie niveauvoll und originär
ist. Die Handschriften und Herangehensweisen der

Künstler sind dabei so unterschiedlich, dass es schwerfällt, alle unter dem Begriff des Realismus zusammenzufassen.

2010 trafen sich zehn Künstler der Gruppe zum Malen der Insel auf Sylt. Fünf von ihnen seien hier vorgestellt.

Ulf Petermann, 1950 in Brunsbüttel geboren, hat die klassische Ausbildung zum realistischen Maler bei Harald Duwe an der Kieler Kunsthochschule durchlaufen. Hatte Duwe ihn zum Figurenmaler mit sozialkritischer Note erzogen, entdeckte Petermann schon in seiner Studienzeit selbstständig die Darstellung der reinen Landschaft. Sein Bild *Strand – Hörnum* betont die Weitläufigkeit des Sylter Weststrandes und passt die durch Sonnenlicht, Figuren, Brandung und bewachsene Dünen hervorgehobene Mittelzone zwischen dunklen Wetterwolken und deren Schatten ein.

Der Itzehoer Maler **Friedel Anderson**, 1954 in Oberhausen geboren, hat in den letzten Jahren einen hohen Bekanntheitsgrad in Deutschland erworben. Er hat schon vor 2010 auf der Insel gemalt. Sein Gemälde *List* von 2006 bringt ausdrücklich das graue, gänzlich unattraktive Wetter mit Sturm und Landregen, das bisher noch nicht oft in die Malerei eingegangen ist. Das fahle Licht in der Ferne erleuchtet die Szene mit den Stehtischen vor einem Fischrestaurant. Mit ihren schwarzen Aschenbechern auf den schwefelgelben Plastiktischdecken (diese Farbe hat der Maler zur Verschärfung der Situation erfunden), die einen tanzenden Rhythmus zusammen mit dem sich überschneidenden Chromgestänge der Barhocker einnehmen, schildert er ebenso leise wie schonungslos die trostlose Stimmung. Die aufblitzenden

Links: Nordsee-Kenner werden den jähen Wechsel von gleißendem Licht und auf Strand und Wasser fallenden Wolkenschatten in dem Gemälde *Strand – Hörnum*, 2010, von Ulf Petermann wiedererkennen.

Wie sehr der zur Seite
fegende Regen alles mit
Nässe durchdringt, wird auf
dem Gemälde *List*, 2006, von
Friedel Anderson deutlich,
das der ungemütlichen
Umgebung hohe malerische
Reize abgewinnt.

Lichter des Metalls, die schimmernden Reflexe auf den Tischen und die Spiegelungen auf der nassen Straße geben dem Bild einen Zauber, dem man sich umso weniger entziehen kann, als hier nichts verschönt oder extra hässlich gemacht wird, vielmehr sich in einer überraschenden Umgebung hohe malerische Reize auftun.

Frauke Gloyer wurde 1961 in Flensburg geboren. Schon vor ihrem Studium der Malerei an der Braunschweiger Kunsthochschule hatte sie eine Neigung zur älteren deutschen und dänischen Malerei, also den Werken von Otto H. Engel, Hans Peter Feddersen und den Skagen-Malern entwickelt, in deren Tradition sie arbeitet. Sie hat sich in ihrem Werk der

Wiederum stark abstrahierend betont Frauke Gloyer in ihrem Gemälde *Autozug nach Sylt* von 2010 die Horizontalen in dem doppelstöckigen Zug, der seinen optischen Widerhall im schimmernden Schlick des Watts findet, aus dem die Möwen auffliegen.

Die vom Wind erodierten Wanderdünen hat Till Warwas in seinem Gemälde *Rote Düne*, 2010, dargestellt. Nur gelegentlich vermag das Dünengras Wurzeln zu schlagen und in dem komplementär wirkenden Rot des Sandes für Festigkeit zu sorgen.

Darstellung der Landschaft in Nordfriesland, Kinderbildern und der Tiermalerei verschrieben. Der Blick auf den Hindenburgdamm von Norden bringt den von zwei Dieselloks gezogenen Autozug im Nachmittagslicht in rascher Skizze schemenhaft als Bestandteil der Wattlandschaft, aus der die Möwen emporfliegen. Ihre Kunst zeigt insbesondere die atmosphärischen und malerischen Qualitäten einer Richtung, die mit dem Begriff des Realismus nur unzureichend beschrieben ist.

Der Bremer Maler **Till Warwas** wurde 1962 geboren. Er hat bei Klaus Fußmann in Berlin studiert und es bei ihm zum Meisterschüler gebracht. Es fällt schwer, diese Kunst mit der seines Lehrers zu verbinden.

Ganz selbstständig hat er eine Art geordneten Realismus entwickelt, in dessen Binnenstruktur malerisches Temperament für Belebung sorgt. Der rote Sand des Kliffs bei Kampen wird in der vom Wind ausgefegten Wanderdüne im Rhythmus von Licht, Halblicht und Schatten hervorgehoben und im Komplementärkontrast zum grünen Gras unter einem leichten Sommerhimmel zur Wirkung gebracht.

Der 1968 in Hamburg geborene **Lars Möller** hat bei Erhard Göttlicher, der ebenfalls Mitglied der Gruppe Norddeutsche Realisten ist, studiert. Er ist auch als Porträtist und Figurenmaler hervorgetreten. In seinen Landschaften sucht er die Dramatik in der Natur wiederzugeben. Besonders hat er sich mit der Brandung

Das lange Auslaufen und Zurückfluten der Brandung hat Lars Möller in seinem Gemälde *Strand, Schatten*, 2010, am Sylter Weststrand beobachtet.

Als würde der „Blanke Hans" in einer Sturmflut die Insel bedrohen, lässt Christopher Lehmpfuhl in seinem Gemälde *Meer im Licht*, 2014, die bewegte herandrängende See direkt auf das Land prallen. Die pastose Malerei unterstreicht die Dramatik des Vorgangs.

an der deutschen Nordseeküste und mit der Wasserlandschaft an Elbe und Förden beschäftigt. Die Bewegung der rasch ziehenden Wolken und des vom Westwind herangetriebenen Meeres wird in seinem Bild zum Motor. Die in gleißender Sonne aufgeworfenen Wellen und das Netz des entlang des Strandes hinauflaufenden und wieder zurückflutenden Wassers geraten im Vordergrund dramatisch in den Wolkenschatten, der sogleich wieder vom Licht abgelöst sein wird.

Der jüngste Maler dieser Gruppe ist der 1972 in Berlin geborene **Christopher Lehmpfuhl**. Er wurde bei Klaus Fußmann ausgebildet und war sein Meisterschüler. Seine Malerei baut auf Stil und Erfindungen

Fußmanns auf. Lehmpfuhl malt am liebsten vor der Natur bei extremen Wetterlagen und Temperaturen. Auch seine großen Formate entstehen im Freien, sei es im Sturm an der deutschen Nordseeküste, sei es zwischen Nebel und Fernsicht auf den höchsten Gipfeln der Alpen. Er hat die pastose Malerei in das Extrem geführt, dass er die Farben direkt mit den Händen aufträgt und auf der Leinwand so etwas wie

Reliefs formt. Sein Brandungsbild *Meer im Licht* von 2014 vermag die Einheit von Wolkenhimmel und Meer so zu formulieren, dass ihre Eigenart gleichfalls hervortritt. Bemerkenswert ist die Kraft, die er bei diesem Schönwettermotiv in die Elemente setzen kann.

Eine ganz andere Position heutiger Malerei soll noch benannt werden. Die 1959 in Kellinghusen geborene Malerin **Susanne Pertiet** wurde in Hamburg und Salzburg ausgebildet. Sie malt konstruktivistisch und hat sich in ihrem *Syltsommer* zu einer auf die Farben von Himmel, Wasser und Land reduzierten Komposition anregen lassen, die von Dunstschleiern unterschiedlichen Grades gemildert wird. Eine gelungene Reduktion der Naturansicht, die zugleich differenzierten Farbenreichtum bringt.

Schließen wir mit Versen, die Wolfgang Klähn 1984 zu einer seiner Sylt-Landschaften fand:

Wolken Bogen
Ziehen krönend
Über Meer und Marschen Land.
Sanftes Wogen
Wehet tönend
Durch Gebäum und Weiden Rand.

Hier ist ein Bild von jener Welt,
Wo des Menschen strebend Tun
Zwischen Himmel und der Erde,
Wo des Menschen sehnend Ruh'n
Nun in seinem Haus sich berge.
Wo der Mensch sich seinem Schöpfer stellt.

Links: Sieht man den Digitaldruck *Syltsommer*, 2013, von Susanne Pertiet an, hat man den Eindruck, die Landschaft ließe sich durchrechnen und auf rechtwinklige Farbflächen als Informationseinheiten reduzieren. In der Komposition wird aber auch eine Summe aus Naturbezug und Farbharmonie gezogen, wie sie auf der Insel angetroffen werden.

Das Watt in Kampen

fotografiert von Heinz Teufel

Ebbe und Flut formen den Strand, alles wandelt sich stetig durch Werden und Vergehen ganzheitlich miteinander. Wir messen die Zeit und überblicken denkend eine geringe Spanne. Wer in diesen zeitlichen Raum eintaucht und nicht im Hier und Jetzt gefangen bleibt, kann das Atmen der Gezeiten wahrnehmen. Wer den Geist erhebt, kann erkennen, dass alles gleichzeitig und relativ existiert, im Kleinen wie im Großen sich alles ähnlich bildet. Kann man meinen, dass der Anfang keinen Anfang, das Ende kein Ende hat, alles ewig währt?

Erkennen kann man, dass steter Wandel verändert und dennoch vergleichbare Formen ausprägt. Ich meine: Aus der Stille des Nichts atmet das Universum, singt, spielt, tanzt das Lied, das wir Schöpfung nennen.

Um dem großartigen Spiel dieser Schöpfung Ausdruck zu geben, habe ich die „gestische Fotografie" geschaffen. Damit zeige ich, dass der Augenblick und der zeitliche Wandel sich durchdringen und befruchten.

Heinz Teufel

Heinz Teufel, Jahrgang 1949, Bildhauer und Fotograf, arbeitet seit 1978 für *GEO*. Seit 2000 hat er unter dem Begriff „gestische Fotografie" einen eigenen Stil entwickelt. Darunter versteht er Aufnahmen, bei denen sich die Konturen der Motive in Bewegung auflösen. Formen und Farben werden miteinander gemischt, aber das Motiv bleibt erkennbar.

Mein Keitum

von Karin Jacobs-Zander

Vor meinen Augen ist unter Donner, Blitzen, Regen und Sturm der neue Tag geboren worden. Aus der verschleierten, dunklen, kalten Welt wurde die Sonne herausgehoben. Nicht langsam erschien sie, sie kündigte sich nicht an, sie wuchs nicht aus einem Halbrund zum großen Ball – nein, sie war auf einmal da: feuerrot und vollkommen. Und nichts war mehr wie zuvor. Die sich ballenden Wolkenungetüme zogen auseinander, der Wind legte sich, das aufgepeitschte Meer wurde zum glatten Spiegel des Himmels. Hunderte von Enten und Möwen, die sich eben noch unter dem Toben des Sturms bewegungslos auf dem Watt geduckt hatten, wagten kleine Schubser untereinander, dann erhob sich ein Vogel in die Luft, vorsichtig, wie nach der Sintflut, und bald folgten ihm viele. Schnatternd und lachend begrüßten sie mit mir das Wunder dieses neuen Morgens, geboren aus Kälte und Dunkelheit, von einer Sekunde zur nächsten ins Licht gehoben.

Die Strahlkraft des ersten, noch unberührten Sonnenlichts am Morgen ist immer wieder ein atemberaubendes Erlebnis und das größte Geschenk, das mir Keitum, dieses kleine Friesendorf an der Ostküste der Insel, machen kann. Hier, am Geburtsort des neuen Tages hineingewoben zu werden in das Wunder der Schöpfung lässt die Seele schwingen, stellt die inneren Uhren richtig und gibt Energie und Hoffnung. Niemals ist es wie zuvor, jedes Mal sind die Eindrücke dieses Schauspiels anders, und in der Einmaligkeit liegt ihre Wunderkraft: Mit so viel Sonne im Gedächtnis, wie sollte man da noch auf Sinnlosigkeit setzen!

So dramatisch aufregend im Sommer die Musik der Meeresvögel den Sonnenaufgang begleitet und klare,

Folgende Doppelseite:
Wattenmeer vor Keitum:
Dramatisch begrüßt das erste
Sonnenlicht den neuen Tag.

warme Farben sich über die Insel legen, so still ist die Welt im Winter, wenn sich erst spät am Morgen die Strahlen durch einen zarten Nebel oder schwere Sturmwolken den Weg bahnen und das diffuse Licht sich vermischt mit dem Raureif auf den Uferwegen. Obwohl kaum ein Vogel sich hören oder sehen lässt, liegt über dem Meer und über den geduckten reetgedeckten Häusern am Watt eine Melodie, leise besänftigend oder ohrenbetäubend bedrohlich. Der Wind, aufbrausend, wenn die Winterstürme ihre Macht entfalten, oder sanft in dem vereisten Schilfgras spielend, gibt der Insel ihre Lebendigkeit, schenkt dem Dorf seinen Herzschlag.

Keitum spricht seine eigene Sprache – vom ersten Morgenlicht an, wenn der Tau auf dem Watt schimmert, über die Stunden der hellen, farbenfrohen Mittagszeit bis in die Nacht hinein, wenn die Küste erleuchtet ist von den Lichtern der Häuser, die Sterne so viel näher scheinen als irgendwo sonst auf der Welt und jenseits des Wattenmeers die dänische Küste in kleinen Lichtpunkten erahnt werden kann.

Keitum ist ein Teil von Sylt, und dennoch scheint es nicht ganz dazuzugehören. Das im Sommer glitzernde Kampen, die von Leichtigkeit und Lebenslust überströmenden Restaurants, Diskos und Strandbars, die geschäftigen Shoppingtouren der Westerland-Besucher, die mühsame Suche nach Parkplätzen und der Kampf um einen passenden Strandkorb – das alles hat mit Keitum fast nichts zu tun. In der Geborgenheit der kleinen Straßen liegt ein Hauch von Vergangenem. Die Vorstellung, dass hier einmal die Kapitäne und Schiffsmannschaften von der Walfangfahrt auf hoher See zurückerwartet wurden, die

Angst, dass das Meer sie nicht wieder hergeben würde, die Hoffnung, ein guter Fang würde den Wohlstand der Familien vermehren, und nicht zuletzt die Angst vor der nächsten Sturmflut, das alles scheint nicht Jahrhunderte zurückzuliegen, sondern ist hier mit den Händen zu greifen.

Sicher, auch in Keitum hat die Tourismusbranche ihren Tribut verlangt. Immer mehr natürliche Rückzugsorte für Tiere und Menschen werden profitablen Wohlfühlangeboten geopfert. Reetgedeckte Kapitänshäuser wurden oft genug in Ferienappartements unterteilt, und Luxusboutiquen sind über den ganzen Ort verstreut. Viel zu große Hotelanlagen bringen viel zu viele Gäste mit viel zu vielen Autos während der Saison nach Keitum. Alte Häuser mussten im Laufe der letzten Jahrzehnte neuen weichen, und wie ein schauerliches Mahnmal der Gier und Inkompetenz streckt am Ende des Dorfes eine Bauruine über den Mauerresten ihre eisernen Gitterstäbe in den Himmel, wo einmal in einem gemütlichen alten Hallenbad mit Außenbecken die Kinder der Einwohner und Gäste ihren Schwimmunterricht bei „Uwe", dem legendären, von vielen geliebten Schwimmlehrer, bekamen. Doch hier gibt es noch Einwohner, die in Keitum ihre Heimat haben und sich nicht vertreiben lassen trotz der horrenden Mieten und Immobilienpreise, wenn ihre Anzahl auch rapide sinkt. Wer will und kann sich denn auch den Luxus leisten, hier einfach nur zu wohnen, wie man eben in Husum oder Niebüll wohnt. Es ist nur verständlich, dass viele Menschen, die seit Generationen auf Sylt ansässig waren, ihr Dorf verlassen, auf das Festland ziehen und zum Arbeiten täglich mit dem Zug auf die Insel

In der „Kleine Teestube" in Keitum finden Sie das Ambiente, das Sie auf Sylt suchen. Eingebettet in einen kleinen Garten liegt das reet-gedeckte Haus am Westerhörn und lädt ein zu Tee, Kaffee und was sonst das süße Herz begehrt.

fahren. Und dennoch lebt das Dorf, dennoch kann man bei einem Spaziergang vorbei an liebevoll bepflanzten Blumengärten, an der heimeligen, gemütlichen Teestube, am gerade erst umgebauten Pastorat, an der kleinen Weinkneipe um die Ecke bis hin zum für mich spannendsten Buchgeschäft der Welt, der „Büchertruhe" des Ehepaars Schwarz, Ein-drücke von der Kultur dieses Friesendorfs und seiner Menschen mitnehmen, die den Lärm und die Hektik der Großstädte in einem kritischen Licht erscheinen lassen. Keitum ist kein unberührtes Paradies, und dennoch fühlt es sich fast so an, als sei hier die Welt noch in Ordnung. Sein schwermütiger, störrischer Charakter wird nur in den heißesten Wochen des Jahres von den Strömen der Sylt-Urlauber überdeckt. Doch selbst dann finden sich Wege, auf denen man

niemandem begegnet, so zum Beispiel vom legendären, zur Zeit leider geschlossenen „Nielsen's Kaffeegarten" aus den Höhenweg am Kliff entlang, vorbei
am Sylter Heimatmuseum und an Christian Duwes
gewaltigem *Noah*, dem Mahnmal gegen die Zerstö-
rung der Insel. Hier kann man Zwiesprache halten
mit der Natur, mit nahen Menschen oder mit sich
selbst. Wer will, entdeckt am Wattenmeer ein Plätz-
chen, um in Ruhe den Wechsel der Gezeiten zu ver-
folgen und sich aus all den Äußerlichkeiten des All-
tags in die Dinge hineintragen zu lassen, die wesent-
lich auf ihre Erfüllung im Leben warten.

Und immer wieder sind die Glocken der alten Seefah-
rerkirche St. Severin unüberhörbare Signale, um in
den „Dom von Sylt" einzukehren, einem Gottesdienst,
einer Andacht oder einem der Kirchenkonzerte

In dieses Friesenhaus in
Keitum sind noch keine
Gauben in das Dach gebaut
worden, denn ursprünglich
gab es diese nicht, da der
Dachboden zum Einlagern
von Heu für die Winter-
fütterung des Viehs diente.
Allerdings sind über dem Giebel statt der früher üblichen
Luken Fenster eingebaut, um
auch im Dachgeschoss Wohnraum zu schaffen.

Folgende Doppelseite: Eine
Wanderung an der Uferkante
des Keitumer Wattenmeers
lässt die Seele schwingen.
Dann spürt man den Herz-
schlag der Insel.

Herzen und Sinne zu öffnen. Auf einem alten Balken vor dem Altarraum ist zu lesen: „Gott der Herr ist Sonne und Schild." Niemand muss das glauben, aber kaum jemand kann sich dem Gefühl der Geborgenheit entziehen, die St. Severin ausstrahlt. Zuversicht gibt das Kreuz auf der Kanzel: Der Gekreuzigte steigt auf himmelwärts, Karfreitag und Ostern verschmelzen ineinander.

Wie großartig empfängt die alte Kirche, See- und Seelenzeichen der Insel, ihre Gäste! Hier haben seit dem 13. Jahrhundert Menschen Zuflucht und Schutz gesucht, wenn sie bedroht waren von Sturmfluten und Krankheiten, hier haben sie sich einander anvertraut und gaben ihren Liebsten das letzte Geleit. Hier wurde gefeiert und geweint. Diese Kirche ist warmgebetet, sagt Traugott Giesen, der Pastor, der fast 30 Jahre

Oben: Im Kirchenschiff von St. Severin in Keitum. Während der Sommersaison kann die Kirche den Andrang der Besucher kaum fassen.

Links: St. Severin in Keitum. Auf hoher Inselgeest liegend grüßt die Kirche den über den Hindenburgdamm anreisenden Sylt-Besucher schon von Weitem. 1240 ist sie erstmals urkundlich erwähnt worden. Der heutige Turm wurde um 1450 errichtet und diente bis 1603 als Seezeichen.

das Leben der bunten Gäste- und Einwohnerge-
meinde prägte und sie mit kraftvollen Predigten,
freundschaftsschmiedenden Festen und klärenden
Diskussionen zu einem Anziehungspunkt für Gläubige und weniger Gläubige, für Suchende und Zwei-
felnde aus vielen Teilen Europas machte. Seine Nach-
folgerin wurde im Jahr 2005 Pastorin Susanne
Zingel. Ihre warmherzige Spiritualität, ihre empa-
thische Zugewandtheit und nicht zuletzt ihr vom
Glauben getragener Mut, sich in schwierigen Zeiten
der Kirche den Herausforderungen zu stellen, prägen
seitdem die Gottesdienste in St. Severin. Die Veranstaltungen im neu gestalteten Pastorat locken zu
Gesprächen und fröhlichem Beisammensein. Jeder
Vorbeikommende soll sich hier eingeladen fühlen,
zu verweilen und zu reden, wenn er möchte. Die
hochwertigen Kirchenkonzerte sind längst Kult für
Sylt-Kenner und während der Saison meist ausverkauft. So ist die Attraktivität von St. Severin heute so
unübersehbar wie früher. Sie rührt aus großer Ver-
gangenheit, aus vitaler, auf den Menschen fokussier-
ter Glaubensgegenwart, zieht Fremde aus aller Welt
an und ist verankert im Bewusstsein der Menschen,
die hier arbeiten, lieben und leben. Wie interessant
auch die Museen und Bücher von der Geschichte
Keitums erzählen, für mich werden Vergangenes und
Gegenwärtiges, Gefahren und Hoffnungen dieses
Ortes nirgendwo deutlicher erkennbar als durch die
sichtbaren und unsichtbaren Zeichen dieser einzigartigen Kirche. Es ist der ideale Ort, um sich geborgen zu fühlen und dennoch Freiheit zu spüren, um
loszulassen, was gefangen hält, und sich auf das
Abenteuer einzulassen, die eigenen Notwendig-

keiten und Wünsche von einer anderen Seite als der gewohnten zu betrachten.

Umgeben ist St. Severin von einem Friedhof, der zu einer Zeitreise durch Geschichte und Kultur einlädt – hier wollten sie begraben werden, hier fanden sie ihre letzte Heimat, woher auch immer das Leben sie angespült hatte: die alten Kapitäne, Freiheitshelden, Dichter, Widerstandskämpfer, Verleger, Schauspieler, Musiker, Wissenschaftler und die, die den Ort zu dem machten, was er ist, die Keitumer Bürger.

Doch Keitum ist keine einfache Geliebte. Wer zum ersten Mal hier ist, möglicherweise während der Sommermonate, wird das Geheimnis dieses Ortes nur schwer erkennen. Keitum will erobert werden und lässt sich am ehesten in der Zeit zwischen November und Ostern entdecken, wenn die Möwen

Grabplatte des 1811 verstorbenen Kapitäns Uwe Peters und seiner Ehefrau Inken auf dem Friedhof von St. Severin in Keitum (Ausschnitt). Sie ist die einzige erhaltene Grabplatte auf diesem Friedhof, auf der ein Schiff abgebildet ist.

Der Harhoog liegt an der Uferkante südlich von Keitum. Aus den mächtigen Findlingen der Eiszeit wurden in der Steinzeit Grabkammern aufgebaut und über Generationen für Bestattungen genutzt.

auf den Parkplätzen rasten und Menschen und Natur ihre Reserven auffüllen, die von fordernden Gästen und anspruchsvollen Tourismus-Agenturen während der heißen Sommerwochen aufgebraucht wurden. Wer sich im Winter im Lebensmittelgeschäft gleich neben dem Pastorat zu einem Klönschnack mit den Einwohnern trifft oder einfach nur ihrer friesischen Sprache Söl'ring lauscht, die im Sommer kaum noch zu vernehmen ist, wer durch den Nebel am Ufer entlang Richtung Archsum wandert und im beginnenden Frühling den Vogelschwärmen zuschaut, die lautstark schnatternd von der Wärme Afrikas zu erzählen scheinen und nach einer Rast auf den Wattwiesen Richtung Norden entschwinden, ja, wer einmal eine Sturmflut miterlebt hat und fürchten musste, dass das Meer über die Deiche steigt, der wird still und ein Stück weit demütig werden. Die ständig präsente Gewalt der Natur und der Umgang der Menschen mit ihr verrät viel über die Wertigkeiten, die tragen und Halt geben. Gegen die Allgegenwart der elementaren Kräfte kann sich nur der behaupten, der mit anderen an einem Strang zieht, seinen Egoismus zurückstellt und Zusammenhalt und Mitgefühl übt.

Wer mit wachen Sinnen und offenem Herzen nach Keitum kommt, dem werden hier Kompass, Wanderstab und ein weiter Horizont für sein zukünftiges Leben geschenkt. Mir jedenfalls ist es so ergangen, und jedes Mal, wenn ich endlich wieder vom Hindenburgdamm aus über dem Meer den Keitumer Kirchturm, den ersten Gruß der Insel, entdecke, schlägt mein Herz schneller, und ich weiß, dass ich meine inneren Ressourcen wieder auffüllen werde. Wenn ich dann, neu ausgestattet mit Lebensmut und Energie, in einigen Wochen die Insel wieder verlassen werde, kann ich auf dem Festland das schöne schwere Leben ein wenig intensiver und mit Dankbarkeit gestalten.

Folgende Doppelseite: Es ist immer wieder ein beeindruckendes Erlebnis, am Ufer von Keitum entlang Richtung Archsum zu wandern und im beginnenden Frühling den Vogelschwärmen zuzuschauen, die lautstark schnatternd von der Wärme Afrikas erzählen.

„Ich will zurück nach Westerland“

Nachdem der Ort Eidum in der Allerheiligenflut von 1436 vernichtet worden war, suchten die Überlebenden nach neuen Siedlungsmöglichkeiten westlich von Tinnum. Daher der Name Westerland für den neuen Standort. Die Häuser wurden auf dem höher gelegenen Geestrücken errichtet. Mittelpunkt des neuen Dorfes wurde die 1635 errichtete Kirche St. Niels. Man lebte von der Landwirtschaft, der Fischerei und später vom Walfang, der gefährlich war und bei dem viele auf See blieben, der aber auch Reichtum auf die Insel brachte. Sichtbarer Ausdruck dessen sind die noch heute zu bewundernden reetgedeckten Friesenhäuser. Bekanntester Kapitän war Lorens Petersen de Hahn, der allein 169 Wale erlegte, dessen Haus allerdings nicht mehr in Westerland steht, sondern im Freilichtmuseum Molfsee bei Kiel besichtigt werden kann.

Nach dem Niedergang des Walfangs wurde schon sehr bald der Badebetrieb als mögliche neue Einnahmequelle erkannt. Westerland begann seine Entwicklung zum Ferienort Mitte des 19. Jahrhunderts, als das Seebad gegründet wurde. Das erste Hotel entstand 1857. Allein zwischen 1890 und 1892 wurden 80 neue Häuser gebaut. Spätestens mit der Einrichtung des Familienbades 1902 hatte sich Westerland seinen Ruf als „Mode- und Vergnügungsbad" erworben. 1905 erhielt es das Stadtrecht. Schon 1912 wurde der Flugplatz gebaut.

Und wer hätte gedacht, dass die Promenade am Westerländer Strand bereits 1907 vom Besitzer des noch heute an prägnanter Stelle stehenden Hotels „Miramar" erbaut wurde und die schützende Strandmauer aus dem Jahr 1912 datiert?

Anfang des 20. Jahrhunderts wurden auch am Westerländer Strand Buhnen gebaut. Sie bestanden aus gerammten Holz- oder Betonpfählen, später aus dammartigen Steinen mit Bitumen- oder Betonverguss. In den 1950er-Jahren wurden für exponierte Küstenabschnitte schwere Beton-Tetrapoden entwickelt, die zum Schutz von Buhnen verwendet werden. Diese Buhnen konnten den Sandverlust jedoch kaum aufhalten und werden heute durch Sandaufspülungen ergänzt.

Richtig los ging es mit dem Tourismus aber auch für den Hauptort der Insel erst nach der Eröffnung des Hindenburgdamms am 1. Juni 1927. Sylt war nun in weniger als einer Stunde vom Festland aus erreichbar. Obwohl nach dem Zweiten Weltkrieg auch auf Sylt die Not groß war und englische Besatzer sowie Heimatvertriebene untergebracht werden mussten, stiegen die Gästezahlen bald wieder. Ab den 1960er-Jahren erfolgte ein Bauboom ohnegleichen, der auch vor Westerland nicht haltmachte. Schöne reetgedeckte Häuser wurden planiert und Betonburgen errichtet. Eine Entwicklung, die bis heute anhält und durch die es so manchen Sylter aufs Festland verschlagen hat.

Heute ist Westerland unbestritten die Metropole der Insel, mit einer mit edlem Granit gepflasterten Fuß-

gängerzone, der quirlig bevölkerten Flanier- und Ein-
kaufsmeile Friedrichstraße. Mit Hotels, Restaurants,
Kureinrichtungen, einem Meerwasserwellenbad,
einem Spielkasino, einem Aquarium und der Nordseeklinik. Auf der exponiert über dem Meer liegen-
den Strandpromenade sitzt man nicht nur in der ersten Reihe, hier kann man Surfern und Musikern bei
ihrer Kunst zuschauen, sich ein bisschen die Füße
vertreten oder – eine Etage tiefer – einen Strandkorb
mieten und die Seele baumeln lassen. Kein Wunder,
dass „Die Ärzte" sangen:

Die heute sehr belebte Sylter
Friedrichstraße war bereits
Ende der 1950er- und
Anfang der 1960er-Jahre die
Flaniermeile Westerlands.
Gesäumt vom Asiatica-Händ-
ler China-Bohlken, vom
Hotel „Seeberg" (rechts) und
vom Hotel „Miramar" (links)
führt sie unmittelbar zum
Strand.

Oh ich hab solche Sehnsucht,
ich verliere den Verstand!
Ich will wieder an die Nordsee,
ich will zurück nach Westerland!

Die Musikmuschel ist unmittelbar an der Westerländer Strandpromenade gelegen und bietet in der warmen Jahreszeit zahlreichen Musikveranstaltungen eine spektakuläre Bühne. Die Kulisse aus Meer und Strand zaubert eine einzigartige Stimmung, die so nur auf Sylt zu erleben ist. Linker Hand das beliebte Jugendstilhotel „Miramar", von dem Hotelgäste einen weiten Blick auf das Treiben an der Promenade und auf den Horizont genießen.

Die Verlängerung der Westerländer Strandpromenade lädt
Urlauber zu ausgedehnten

Spaziergängen und sonnigen
Badeerlebnissen in der Brandung
der Nordsee ein.

Mit sich biegenden Laternen im Gepäck haben sich die bis zu vier Meter großen *Reisenden Riesen im Wind* auf dem Vorplatz des Bahnhofs Westerland angesiedelt. Seit ihrer Enthüllung am 14. Oktober 2001 begrüßt die umstrittene knallgrüne vierköpfige Riesenfamilie, die der Künstler Martin Wolke aus glasfaserverstärktem Kunststoff gefertigt hat, die Sylter Gäste und ist vor allem für Kinder, die eine langweilige Bahnfahrt hinter sich haben, eine echte Attraktion.

Rund um Morsum
Von Amazonen, Kliffkanten und Sprachjuwelen
von Matthias M. Machan

Es ist Hochsaison, es ist heiß. Und es ist die Party-, Polo- und Promi-Woche Ende Juli, Anfang August. Der Tag geht, Sylt brodelt. Ina Müller rockt in Rantum, in und um St. Severin in Keitum trifft sich das „Who is who" aus Society und Showbizz zum Sommerkonzert der Stiftung Musikleben. Wir entschleunigen! Und wählen als Kontrastprogramm das Morsum-Kliff. Alle machen sich auf zur Westküste, fiebern dem Sonnenuntergang entgegen. Wir sitzen derweil auf einem Holzsteg, der bis an den Rand der Kliffkante führt – und haben das Morsum-Kliff, das von der Abendsonne geradezu majestätisch ausgeleuchtet wird, für uns ganz allein. Der schwarze Glimmerton, der rote Limonitsandstein und der weiße Karolinsand sind in der Abendsonne von atemberaubender Schönheit. Dazu im Bildvordergrund tiefgrüne Salzwiesen und das unwiderstehliche Blau des Wattenmeers, in dem sich Himmel und letzte Schönwetterwolken spiegeln. Ein Bild von expressionistischer Kraft, gleich so als hätten Nolde oder Heckel hier ihre Farbeimer ausgekippt. Ansonsten Stille, mitten in der Hauptsaison, hin und wieder unterbrochen vom eindringlichen Ruf des Austernfischers. Hier ist Sylt ganz bei sich! Ein Fest für alle Sinne, denn es riecht nach Salz und Heide.

Oben, auf der buckligen Heidelandschaft des Morsum-Kliffs, verstellt nichts die Sicht. Nach Süden zeichnet sich die Bucht von Rantum ab, ja selbst die benachbarten Inseln und Halligen sind diffus zu erkennen. Über die Bucht von Keitum und das Leuchtfeuer von Kampen im Nordwesten gleitet der Blick hinüber zu den Wanderdünen von List bis zum dänischen Festland. Ein magischer Ort.

Folgende Doppelseite: Morsum-Kliff. Die Bodenablagerungen dieses urtümlichen Kliffs führen uns Jahrmillionen zurück in die Erdgeschichte – noch ehe die Saaleeiszeit vor etwa 150 000 Jahren die hiesige Landschaft gestaltete.

Es ist selten, dass Friesenhäuser auf so großen Grundstücken, wie hier in Morsum, stehen. Da dieser Teil der Insel seinen Ursprung noch mehr bewahrt hat als andere und lange Zeit von der Landwirtschaft leben konnte, sind einige Besitztümer noch nicht parzelliert worden.

Am nächsten Morgen kommen wir zurück nach Morsum. Ein altes Boot am Ortseingang dient als Blickfang und erinnert an die wagemutigen Männer, die in strengen Wintern als Eisbootfahrer Lebensmittel und Medikamente vom Festland auf die Insel brachten. Jetzt tragen die Männer im betagten Kahn Fischerhemden. Ostern, da sind wir uns sicher, hatten alle noch einen Friesennerz an. Morsum wirkt für den Autofahrer wie ein lang gezogenes Straßendorf. Ist es aber nicht. Daher raus aus dem Auto, hinauf aufs Rad oder, noch besser, ab in die Vogelperspektive. Wer mit dem Flieger von Osten her einschwebt, erkennt schnell: Die in einem länglichen Kreis um Kirche samt Friedhof und Schule errichteten Ansiedlungen ermöglichten früher von jeder Stelle aus den freien Blick auf Kirche, Grabstein und Schule. Den

Bauplan lieferte früher die Natur – und der gesunde Menschenverstand. Denn gebaut wurde nur auf den flutsicheren, höher gelegenen Standorten.

In Morsum, hören wir immer wieder, hat sich Sylt seinen Ursprung bewahrt. Und es stimmt. Hier ist Sylt, zumindest fast, wie es früher einmal war. Hier ist Sylt, wie wir es lieben, eben ursprünglich und authentisch. Die Wiesen und Weiden prägen den Insel-Osten zwischen Archsum und Morsum. Ja, hier gibt es sogar noch Landwirte und eine hofeigene Meierei. Die Milch aus Morsum erinnert an die Milch aus der Kindheit. Nach ein paar Tagen ist es mit der Haltbarkeit vorbei. Aber eine wohlschmeckendere, frischere Milch mit kürzeren Transportwegen ist kaum denkbar. Eier von Hühnern, die immer mal wieder den Zaun des Auslaufgeländes überwin-

Hier möchte und kann man Urlaub machen: im wunderschönen wohlproportionierten 1765 erbauten „Schnorhof" in Morsum.

St. Martin in Morsum. Der gedrungene, weiß gestrichene Kirchenbau steht etwas abseits des Dorfes auf einer flachen Hügelkuppe in den Marschwiesen. Der Glockenstapel datiert wahrscheinlich aus dem Jahr 1767 und wurde zuletzt 1984 erneuert. Die in ihm hängende Glocke wird per Hand geläutet.

den und über die Dorfstraße spazieren, gibt es auch, ferner Kartoffeln von Morsumer Scholle und Seife mit den besten Ingredienzien der Insel, erhältlich in der Manufaktur im Bahnhofsgebäude.

Geradezu ein Muss sind aber die Backwaren von Jürgen Ingwersen. Das denken viele andere auch. Geduldig reihen wir uns Morgen für Morgen in die Schlange, die weit aus dem hellen Ladengeschäft hinausreicht, um unsere Kliffkanten, Schrippen und Wattkieker zu erstehen. Wer auf das Schlangestehen verzichten möchte, ist im Kaffeegarten mit Frühstück oder Friesentorte bestens beraten.

Entsprechend gestärkt machen wir uns mit dem Rad auf den Weg zur Morsum-Odde. Nicht ohne vorher in die evangelisch-lutherische Kirche St. Martin zu schauen, die sich mit St. Severin in Keitum, der sie

äußerlich auf den ersten, schnellen Blick ähnelt, darum streitet, die älteste auf der Insel zu sein. Anno 1240 wurde St. Martin (als „Mosen Capelle") erstmals erwähnt. Doch es spricht einiges dafür, dass sie bereits früher errichtet wurde. Das Baumaterial, Granitquader und Tuffstein, lassen eine Datierung im letzten Drittel des 12. Jahrhunderts als realistisch erscheinen. Indes: St. Martin fehlt der Kirchturm, das Gotteshaus wirkt daher ein wenig unvollendet. Zu groß muss die Armut zur Zeit des Baus gewesen sein. Ein zuletzt 1984 erneuerter Glockenstapel unweit der Kirche ersetzt den Turm, ein Holzgerüst das Mauerwerk. Zu den ältesten Teilen der Ausstattung gehören der Taufstein aus dem 13. Jahrhundert und die spätgotischen Figuren des Flügelaltars. Im öffentlichen Bewusstsein (und erst recht im Spendenauf-

Altaraufsatz in der Morsumer Kirche, aus der Zeit um 1500 stammend. Im Mittelschrein hält Gottvater den toten Christus, flankiert von den Bischöfen St. Martin und St. Severin. In den Flügeln die zwölf Apostel.

Rechts: Als die Seefahrt zu Beginn des 19. Jahrhunderts nicht mehr genug einbrachte, wandten sich die Morsumer dank der fruchtbaren umliegenden Marschen mit Erfolg der Landwirtschaft zu. Hier ein Blick auf die Marschwiesen nahe Morsum.

kommen) mag St. Martin ein wenig im Schatten von St. Severin stehen. Das hat auch Vorteile: Wenn im Sommer hier als Stammgäste die Trompeter Ludwig Güttler oder Peter und Philipp Lohse konzertieren, bleibt der Rahmen beinahe familiär.

Gut zehn Fahrradminuten später erreichen wir die Morsum-Odde. Von hier lässt sich, immer am Watt entlang, das Rantumbecken erreichen. Mächtiger Gegenwind aus Westen. Und wieder sind wir trotz Hochsaison allein auf weiter Flur, teilen uns den Deichfuß einzig mit mehreren Schafherden und einer Handvoll Strandkörben. Denn hier auf der Wattseite ist die Badestelle der Einheimischen. Sanft geht es ins Wasser hinein, offenbar ein idealer Platz, um schwimmen zu lernen.

Über das verträumt anmutende Archsum – eine ländliche Idylle mit Wiesen, Weiden und Feldern, so weit das Auge reicht – geht es zurück nach Morsum. Bis zum Bau des Nössedeichs 1938 übrigens eine ziemlich unwirtliche Gegend, die immer wieder von Sturmfluten heimgesucht wurde. Einige Häuser geben von dieser Zeit immer noch Zeugnis: Sie wurden auf Warften (Erdhügel) errichtet, um sie vor herannahenden Fluten zu schützen.

In Archsum und Morsum werden das Brauchtum und das kulturelle Erbe der Insel hochgehalten. Das Ringreiten gibt es nur noch hier. Ein Pferd mit Reiter, eine Lanze sowie einen kleinen Messingring, mehr braucht es nicht. Der Messingring hängt an einem Seil zwischen zwei Balken in der Luft und muss mit der Lanze des galoppierenden Reiters „gestochen" werden. Acht Ringreiter-Vereine, die teilweise bereits im 19. Jahrhundert gegründet wurden

und unterschiedlichste Uniformen tragen, halten die Tradition aufrecht. Übrigens bei strenger Geschlechtertrennung, denn drei der Vereine sind den „Amazonen" vorbehalten.

Auch das Söl'ring, die Sylter Sprache, hört man noch hier im Osten der Insel. Kein Dialekt, vielmehr ein Sprachjuwel mit vielen Vätern und Müttern, etwa Altfriesisch, Dänisch, Englisch und Holländisch. Ein Volk der Seefahrer hatte eben viele Einflüsse. Wer noch mal die Schulbank drücken möchte, wird schnell erkennen, dass der friesische Leitspruch „Rüm hart, klaar kiming", den man inselweit auf gelb-rot-blauen Flaggen und in den Souvenir-Läden lesen kann, nichts mit hartem Rum und klarem Korn zu tun hat. Hier wird das weite Herz und der klare Horizont postuliert.

Um die Pflege und den Erhalt des Söl'ring kümmert sich bereits seit 1905 der Sylter Verein (Söl'ring Foriining). Vornehmste Aufgabe: die Bewahrung und Belebung der Sylter Identität. In seiner Rolle als Beobachter und Vermittler betrachtet der Verein es als seine Aufgabe, Gesellschaft und Politik für die Entwicklung des durch das Meer eng begrenzten Sylter Lebensraums zu sensibilisieren. Und da hat man auch im beschaulichen Morsum, dem Hort Sylter Tradition und Kultur, immer mehr zu tun. Die Zahl der Zweitwohnsitze steigt immer schneller, auch hier weicht immer mehr Landschaft neuem Baugrund. Es ist gerade erst eine Generation her, da konnte man beispielsweise vom Feskerdam mühelos über die Wiesen zum Wattenmeer schauen, heute muss man dafür ins Dachgeschoss steigen, um zwischen zahllosen Reetdächern hindurch noch einen kleinen Ausschnitt vom Watt zu sehen. Dabei weichen die typischen Friesenhäuser meist einem Reetdach-Puppenhaus-Einheitsstil, der nur wenige Wochen im Jahr mit Leben gefüllt wird. Das hat Folgen: Obwohl – auf den ersten Blick – die Welt in Morsum noch in Ordnung scheint, zeigt die Schließung der Dorfschule die Kehrseite der touristischen Medaille. Die Einheimischen kehren der Insel den Rücken, können oder wollen sie sich nicht mehr leisten. Immerhin konnte im „Muasem Hüs", wenn man so will das kulturelle Zentrum des Ortes auf halbem Weg zwischen Bahnhof und Bäcker, nach einigen Jahren ohne Nahversorgung jetzt wieder ein Lebensmittelhändler angesiedelt werden.

Zurück zu unserem Ausgangspunkt, dem Morsum-Kliff. Wir nähern uns dem „nationalen Geotop" über eine Schotterstraße. „Üp Klef" verläuft parallel zum Watt und hat alles, um die nächste „Schlossallee" der Insel zu werden, inklusive unverbaubarem Fernblick und Prominenz als Anrainer.

Um das Morsum-Kliff zu erwandern, bieten sich ab dem Nösse-Wanderparkplatz (von hier starten auch regelmäßig geführte geologische Exkursionen) mindestens zwei Wege an: Der kürzere (Rund-)Weg führt in einer knappen Dreiviertelstunde über das Gebiet der Flugsanddünen der Morsumer Heide hinauf zu den (natürlichen) Aussichtspunkten an der Kliffkante und vorbei am Restaurant „Morsum Kliff" (mit empfehlenswerter gehobener Landhausküche, bezahlbaren Wein-Offerten und spektakulärer Aussicht) zurück zum Parkplatz. Der zweite Weg ist weiter, bringt uns über „Klein-Afrika" – ein sandiges, windgeschütztes Dünental, in den Sommermonaten

Das Hotel und Restaurant „Morsum Kliff" liegt mitten im Naturschutzgebiet und unweit des berühmten Kliffs.

Das Morsum-Kliff ist ein geologisches Fenster in fernste Perioden der Erdgeschichte. Seine Bedeutung liegt darin, dass die hier aufgeschlossenen Formationen unter Einwirkung von eiszeitlichen Gletschern schräg gestellt wurden, sodass sie in der Reihenfolge ihrer Entstehung nebeneinander (und nicht übereinander) im Kliff zu sehen sind.

der sprichwörtliche „Hotspot" der Insel – hinab zum Fuß der Abbruchkante. Nach wenigen Hundert Metern sehen wir die Steilküste, der in der Sturmsaison 2013/2014 empfindliche Narben zugefügt wurden: Erst schimmert sie eher aschgrau, dann in einem satten Ockerton mit rostroten Reflexen, schließlich zum östlichen Kliffende immer heller werdend.

Man muss kein Geologe sein, um die Einzigartigkeit des Morsum-Kliffs zu erfassen. Ein aufgeschlagenes Buch der Erdgeschichte! Die geologische Besonderheit dieser europaweit einzigartigen Steilküste liegt in den hier aufgeschlossenen Gesteinsformationen, die unter Einwirkung von Gletschern aus ihrer

ursprünglichen Lage zu mehreren Schollen zunächst aufgestaucht und dann schräg gestellt wurden. Folge für das Kliff: Sie sind in der Reihenfolge ihrer Entstehung nicht – wie sonst meist – übereinander, sondern nebeneinander zu sehen. Ein spannender Einblick in die letzten Phasen der jüngeren Erdgeschichte.

Die Landschaft rund um Morsum atmet ländliche Idylle und (landwirtschaftliche) Tradition, lebt vom Reiz der Kontraste: stilles Wattenmeer, urwüchsige Dünen, saftig grüne Deiche, blühende Heide und ein geradezu majestätisches Kliff. Ein Ereignis für Seele und Sinne.

Rund um die Hörnum-Odde

Naturtheater

von Matthias M. Machan

Es soll Sylt-Urlauber geben, für die endet die Insel bereits an der „Sansibar" kurz hinter Rantum. Aber so groß sind die Landverluste durch die Orkane Alexandra (Dezember 2014), Felix (Januar 2015), vor allem jedoch Christian (Oktober 2013) und Xaver (Dezember 2013) in den vergangenen zwei Jahren dann doch nicht. Gute sieben Kilometer führt uns das beinahe schnurgerade Asphaltband jetzt noch Richtung Süden nach Hörnum. Und wer ein paar Jahre nicht mehr am südlichsten Zipfel der Insel gewesen ist, reibt sich verwundert die Augen. Klar, der rot-weiße Leuchtturm, der den Schiffen seit über hundert Jahren Orientierung gibt und auf Wunsch als Ehestifter dient, steht noch genauso wie der kleine Hafen mit seinem ein wenig aus der Zeit gefallenen Butterfahrten-Charme (was als Kontrast zu „List Vegas" durchaus seinen Reiz hat). Aber sonst? Hörnum hat sich herausgeputzt. Und wie! Aus dem einst eher hässlichen (und dem militärischen Erbe geschuldeten) Entlein wird Schritt für Schritt ein stolzer Schwan.

Auslöser war der Bau der Nobel-Herberge „Budersand" mit angrenzendem Golfplatz. Behutsam fügen sich die über vier Brücken verbundenen Häuser in die raue Sylter Natur ein – auch architektonisch ein Glücksfall für Hörnum. Wella-Erbin Claudia Ebert hat hier im großen Stil investiert. Das Ergebnis: Der Blick aus den Zimmern über das Watt auf die Insel- und Halligenwelt sucht seinesgleichen, die Küche kocht nachhaltig und mit regionalen Produkten auf Sterne-Niveau. Angenehmer Nebeneffekt: Budersand sorgt dafür, dass die alteingesessenen Familienbetriebe eine Qualitätsoffensive starten mussten.

Manches, wie das wunderbare und junge Hotel „54 Nord" ist ein Kristallisationspunkt im Ortskern, der scheinbar immer da war. War er ja auch. Denn die Herberge ist eine modernisierte Hommage an das älteste Haus in der Gemeinde, das sogenannte Hapag-Haus. Hapag? Genau, die Assoziation mit der Reederei kommt nicht von ungefähr. Der Hamburger Albert Ballin, Ende des 19. Jahrhunderts wohl der erfolgreichste Reeder seiner Zeit, erschloss die Südspitze Sylts, bis dahin eher eine sandige Wüstenei, mit einem Anleger für seine Schiffe. Hörnum hatte bis dato nicht viel: das Hapag-Haus eben, den Leuchtturm und eine Handvoll Häuser, wobei Letzteres hier einmal wörtlich zu nehmen ist. Dann kam nach 1930 das Militär, was die Gemeinde nicht schöner werden ließ. Im Gegenteil. Bis weit in die

Oben: Die Südspitze von Sylt war bis um 1900 eine sandige Wüstenei mit nur wenigen Bewohnern und Häusern.

Links: Als eines der vier noch betriebenen Sylter Leuchtfeuer steht der 34 Meter hohe rot-weiße Hörnumer Leuchtturm auch Hochzeitspaaren und Besuchern offen. Einst diente er sogar als Schule.

Der Hapag-Raddampfer „Cobra" (oben) verkehrte zwischen Hamburg, Helgoland und Hörnum und begründete eine glanzvolle Zeit des Seebäderverkehrs, als es den Hindenburgdamm noch nicht gab. Der Hamburger Reeder Albert Ballin (unten) erschloss Hörnum, indem er dort einen Anleger für seine Schiffe baute.

1990er-Jahre hinein bildeten trostlose Militärgebäude ein tristes Entree zum Inselsüden.

Tempi passati. Heute wird am Ortseingang Golf gespielt. Es ist Deutschlands einziger echter 18-Loch-Links-Course, entwickelt nach klassischem schottischen Vorbild. Ein außergewöhnliches, in eine natürliche Dünenlandschaft am Wattenmeer eingebettetes Erlebnis. Diejenigen, die im Tourismus und der Gästebewirtung ihr Auskommen haben, leben derweil am Ortseingang in Häusern, die uns äußerlich in die Welt der Astrid Lindgren versetzen. Überall ist zu spüren: Hörnum holt nach, Hörnum holt auf. Doch man scheint hier gewillt, aus den Fehlern und (Bau)Sünden, die andernorts auf Sylt begangen wurden, die richtigen Lehren und Schlüsse zu ziehen.

Jedenfalls entzieht sich die Nahversorgung – noch – der Filialisierung. Die Bäckerei in der Rantumer Straße heißt seit Generationen Lund und verwöhnt mit ofenfrischen Brötchen und Friesenkeksen. Den Fisch gibt es direkt gegenüber bei Matthiesen.

Mögen Gosch und Blum mit ihren Filialen die Insel überzogen haben, bis Hörnum sind sie nicht gekommen. Klassiker sind hier die Hörnumer Fischsuppe, die Nordseescholle mit Bratkartoffeln oder Miesmuscheln im Weißweinsud. Die Preise sind – wie am Kiosk im Hafen – ausgesprochen volkstümlich.

Entsprechend gestärkt geht es auf die Wanderung rund um die Südspitze, die Hörnum-Odde. Heute ist die „Kap-Wanderung" – vom „Südkap" auf der Wattseite zu „Kap Horn" an der Westküste, beides gastronomische Betriebe mit Bretterbuden-Charme, aber überraschend guter wie authentischer Küche – ein zumeist gemächlicher Spaziergang von einer knappen Stunde. Es ist gerade erst eine Generation her, da konnten wir getrost mit der doppelten Laufzeit rechnen, eine richtige Wanderung war das noch.

Doch die Odde hat mächtig Federn gelassen, mächtig viel Land und Sand verloren. Rund die Hälfte der Fläche, mittlerweile weit über 90 Hektar, hat sich das Meer geholt. Wo der Sand geblieben ist? Gefühlt kommt Amrum immer näher … Amrum liegt im Sand, Sylt liegt am Meer. Und das nagt. Besonders rund um Hörnum. Zu Beginn unserer Runde um die Odde – wir starten wie immer am Hafen auf der Wattseite – ahnt man von den dramatischen Landverlusten an der Westküste nichts. Das Watt ist hier eine ruhige Seenplatte in den schönsten Blautönen. Ideal, um schwimmen zu lernen oder sich das erste Mal aufs Surfbrett zu stellen. Für die einzigen Wellen sorgen an diesem Sommertag die weißen Ausflugsschiffe der Adler-Reederei, die das Wattenmeer auf dem Weg vom Hafen in Hörnum nach Amrum, Föhr oder zur Hallig Hooge durchpflügen.

Folgende Doppelseite: Die Hörnum-Odde ist eine im Süden der Insel weit ins Meer hineinragende Landzunge, die Jahr für Jahr durch Sturmfluten kleiner wird. Sie zu umrunden gehört zum Pflichtprogramm eines jeden Sylt-Besuchers.

157

Orkanfluten haben nicht nur die Hörnum-Odde in Mitleidenschaft gezogen, ihnen sind auch bereits einige zu nah am Küstensaum gelegene Gebäude zum Opfer gefallen – wie das Funkfeuer, das 2013 abgebaut und dessen Fundament infolge des Orkans Xaver im Dezember 2013 freigespült wurde.

Wir folgen dem breiten Strand am Wattenmeer, entlang tief eingeschnittener Dünentäler, des tiefblauen Meeres und einer Handvoll Angler kurz vor der Südspitze. Doch hier wird der Schalter wie von Zauberhand umgelegt. Wasserstrudel und (gefährliche) Unterströmungen, Westwind und Wellen, die im Sekundentakt auf den Strand klatschen. Der Liebreiz der Wattseite hat sich im Wind verflüchtigt. Stattdessen Narben und Wunden in den Dünen zuhauf, Zeugnisse der gewaltigen Winterstürme in den vergangenen Jahren. Dünenabbrüche, wohin das Auge schaut, beinahe stolpern wir über das Fundament des Hörnumer Quermarkenfeuers am Flutsaum. Ein Jahr zuvor stand der Mini-Leuchtturm, das Hörnumer Unterfeuer, noch scheinbar absolut sicher in den Dünen.

Doch die Orkanfluten im Winter 2013 haben der Westseite der Hörnum-Odde bis zu 20 (!) Meter Landverlust auf ganzer Länge eingebracht. Der Anfang vom Ende für die Hörnum-Odde? Auch der Laie, der hier zwei-, dreimal im Jahr vorbeiwandert, erkennt sofort: Von Sturm zu Sturm fressen sich die gigantischen Wassermassen weiter in die Dünenheide hinein, lassen neue Muscheltäler entstehen. Hörnum als Ort gilt als sicher, nicht zuletzt dank einer eilig aufgestellten Heerschar Tausender Tetrapoden, die die Wellen vierarmig brechen sollen und aus der Ferne wie eine wohlgeordnete Armee von Terrakotta-Kriegern aussehen.

Ein schoner Anblick ist das nicht. Und ob es ein probates Mittel gegen die Sturmfluten ist, darüber streiten selbst die Fachleute. Einst galten die sechs

Aufgespülte Sandmassen werden in die Strandzone einplaniert. Nachdem alle Mühen, mit Festwerken die Sylter Küste zu schützen, vergeblich waren, wird nun der Substanzverlust durch Sandaufspülungen ausgeglichen. Die Sandmassen für die Aufspülungen werden auf See vor Sylt von sogenannten Hopperbaggern aufgenommen und über Rohrsysteme auf den Strand gespült.

Tonnen schweren Tetrapoden – nicht nur an der Westküste von Hörnum – als Segen, dann wurden sie verflucht, jetzt scheinen sie der letzte Ausweg. 40 Jahre sollen die neu aufgestellten gigantischen Wellenbrecher halten. Das Problem: An der dem Wind abgewandeten Seite des Beton-Sperrwerks leistet die Lee-Erosion ganze Arbeit – mit der Folge, dass die Insel-Südspitze, Hörnums Hauptattraktion, von Saison zu Saison kleiner wird. Ist die Hörnum-Odde, ist Sylt noch zu retten?

Sandaufspülungen sind teuer, müssen jährlich erneuert werden, sind aber wohl der sinnvollste Inselschutz. Und man muss einfach akzeptieren: Die Naturgewalten verändern die Küstenlinie, nicht selten initiiert die Strömung einen neuen Sandhaken an einer anderen Stelle. „Es gibt nur wenige Stellen an der deutschen Nordseeküste, an denen das Meer mit so großer Gewalt auf die Küste trifft wie auf Sylt." Arfst Hinrichsen muss es wissen. Er ist Geophysiker beim Landesbetrieb für Küstenschutz und analysiert seit 1991 den Zustand der schleswig-holsteinischen Küsten. Fakt ist: Wird der abgetragene Sand nicht ersetzt, ist die Substanz der Insel, nämlich Dünen und Geestkern, gefährdet. Der aufgespülte Sand und die dadurch entstandenen Vordünen sind Futter für die im Winter wütende See, daran können sich die Wellen abarbeiten. „Die Sandaufspülungen haben sich als die wirksamste Methode zur Stabilisierung der Küste herausgestellt", sagt der Experte.

Doch obwohl die Herbst- und Winterstürme an der Westküste nagen und Sylt unbestritten Jahr für Jahr Sand ans Meer verliert, mein Sylt-Aufkleber am Auto kann so bleiben, wie er ist, ich muss ihn nicht mit

einem feinen Messer kleiner schneiden. Das verdanken wir auch den Küstenschutzmaßnahmen, die vor Hörnum selbst in der Saison auf Hochtouren laufen. Was für ein Spektakel: Ein Spülschiff schwemmt mithilfe einer Unterwasserleitung ein grobkörniges Sand-Wasser-Gemisch vor die Küste. Das Meer trägt den Sand ab, der Mensch holt ihn sich Jahr für Jahr wieder zurück – per GPS-Steuerung und gezielten Berechnungen, die nicht nur den Strand, sondern auch den Vorstrand mit einschließen. Rund 4000 Kubikmeter Sand werden pro Stunde an Land geschleudert, Bagger verteilen ihn dann.

Ekkehard Klatt ist Geologe, bietet Führungen auf Sylt an und beobachtet „seine Insel" seit einem halben Jahrhundert. Ob Sylt noch zu retten ist? „In erdgeschichtlichen Zeiträumen betrachtet sicher nicht.

Seit 1972 wird mit Sandaufspülungen ein ganz neuer Weg des Küstenschutzes beschritten. Sie erfolgen in letzter Zeit durch Sandentnahmen vor der Sylter Küste. Zunächst wird der Sand durch ein Saugbaggerschiff vom Meeresboden gewonnen, danach wird das Schiff an eine Rohrleitung angeschlossen, die das Sand-Wasser-Gemisch an den Strand spült, wo es von Bulldozern verteilt wird.

Allein durch den Orkan Xaver im Dezember 2013 waren an der Hörnum-Odde auf einer Länge von 200 Metern Landverluste von rund 20 Metern zu beklagen. Mit Sandaufspülungen versucht man, weitere Schäden zu vermeiden. Ganz rechts – unter Wasser – ist noch die Küstenlinie der 1970er-Jahre zu erahnen.

Aber ich vermute, dass es bis zum Ende dieses Jahrhunderts allenfalls geringfügige Veränderungen der Küstenlinie geben wird", beruhigt der Geologe. Die fortgesetzten Sandaufspülungen können die Verkleinerung und Umlagerung der Inselfläche bremsen und sind ein sinnvoller Schutz. „So bleibt die Insel auch in ein paar Jahrhunderten noch ungeteilt, weil die Aufspülungen vor allem die Dünen an den besonders dünnen Stellen der Insel schützen", erklärt Klatt. Doch jetzt ist Sommer! Die Luft, jene Mischung aus Meersalz, Sauerstoff, Jod und Ozon – angereichert

164

mit dem Duft der Sylter Heckenrosen –, wirkt im Zusammenspiel mit den magischen Lichtreflexen euphorisierend wie, es stimmt wirklich, Champagner. Die Weite der Westküste und das Watt sind scheinbar endlos, die Wellen gewaltig, Wolken und Wind nahezu ständige Begleiter eines mal dramatischen, mal melancholischen Naturtheaters. Wellness für Körper, Geist und Seele. Man wundert sich, wie man es jemals ausgehalten hat – ohne Sylt und die Wanderung rund um die Hörnum-Odde.

Sylt
erleben

Sommer-, Sonnen-, Bade- und
Strandkorbatmosphäre am West-
strand. Man möchte mit Goethes
Faust ausrufen: „Hier bin ich
Mensch, hier darf ich's sein."

Radtour in den stillen Süden

Westerland – Rantum – Hörnum – Rantum – Tinnum – Westerland

von Hans-Dieter Reinke

Unsere Tour führt von Westerland über Rantum nach Hörnum in den Süden der Insel; bei der Kurztour wird lediglich das Rantumbecken umrundet.

Wir starten vom Bahnhofsvorplatz in Westerland und fahren links in die Straße „Trift". Dann biegen wir rechts in die Dirk-Brodersen-Straße ein, an deren Ende wir schräg rechts in die Käpt'n-Christiansen-Straße fahren. Kurz hinter der katholischen Kirche St. Christophorus liegt die „Heimstätte für Heimatlose", einige schlichte Holzkreuze für unbekannte Tote, die an Sylter Strände gespült wurden und hier ihre letzte Ruhestätte gefunden haben.

Vor den Dünen und am Strandübergang geht es links in den Stranddistelweg, bis links die Straße „Gaadt" abzweigt. Von dem 26 Meter hohen Aussichtspunkt Himmelsleiter in den Dünen hat man einen schönen Ausblick über Strand und Meer, während das „Sylt-Aquarium" rechter Hand interessante Einblicke in die Unterwasserwelt der Meere bietet. Wenn man die Straße „Gaadt" durchfährt, kommt man zur „Alten Friesenstube" (1648), einem gemütlichen Restaurant im wohl ältesten Haus der Insel (Gaadt 4, Tel. 04651/1228; www. altefriesenstube.de).

Von der Straße „Gaadt" biegen wir jedoch gleich rechts ab und kommen am Syltstadion und dem Südwäldchen vorbei auf den Radweg, der an der Hauptstraße nach Rantum entlangführt. Ein Abstecher zur Eidum-Vogelkoje ist möglich, bevor wir am Rantumer Campingplatz mit dem Restaurant „Tiroler Stuben" (Tel. 04651/835333; www.camping-rantum.de) vorbei nach Rantum kommen. Linker Hand geht die Hafenstraße in Richtung Sylt-Quelle und Hafen ab. Wer nur das Rantumbecken umrunden möchte,

Streckenlänge:
ca. 41 km;
Kurztour (nur Rantumbecken) 16 km
Dauer:
4 Stunden;
Kurztour 1–2 Stunden
Start / Ziel:
Bahnhof in Westerland,
Busstationen
(Fahrradmitnahme)
u. a. in Rantum
und Hörnum

Ein schöner Ort, um Rast zu machen: die „Alte Friesenstube" in Westerland.

Der „Söl'ring Hof Sylt": Seine Lage ist sensationell mitten in den Rantumer Dünen mit Blick auf den Weststrand und das Meer. Genusserlebnisse erwarten Sie im Feinschmeckerrestaurant von 2-Michelin-Sterne-Koch Johannes King und Küchenchef Jan-Philipp Berner. Hier werden saisonale Spezialitäten der Region zubereitet (siehe Kapitel „Sylt genießen" ab Seite 261).

biegt hier ab; die Hörnum-Fahrer radeln hier später auf dem Rückweg auch weiter. In Rantum gibt es diverse Einkehrmöglichkeiten (z. B. „Richter's Restaurant", Tel. 04651/9954810, www.richters-sylt.de; „Hus in Lee", Tel. 04651/21589, www.hus-in-lee.de), auch ein Abstecher an die Westseite zum Strand ist zu empfehlen. Hoch oben auf den Rantumer Dünen liegt der „Söl'ring Hof Sylt", ein 5-Sterne-Hotel mit einem 2-Sterne-Restaurant, dessen einzigartige Lage direkt am Meer fantastisch ist. Entlang der Dünen geht es auf dem Radweg an der Straße weiter. Das Naturschutzgebiet Rantumer Dünen, das wir zwischen Rantum und Hörnum passieren, ist eines von zehn Naturschutzgebieten auf der Insel. Hinzu kommen acht Landschaftsschutzgebiete, und zudem ist die Insel vom Nationalpark Schleswig-Holsteinisches

Wattenmeer umgeben. Dies gibt schon einen wichtigen Hinweis auf die enorm vielfältige, interessante und schützenswerte Naturausstattung der Insel, von der wir auf der Fahrt durch die Dünen, entlang des Wattenmeers und des Rantumbeckens einen kleinen Eindruck bekommen. Die Weißdünen sind vor allem durch den Strandhafer geprägt, der den Sand zusammenhält und zur Verfestigung der Dünen beiträgt. In den dunkleren Bereichen der Grau- und Braundünen dominieren Kriechweide, Krähenbeere und Besen- und Glockenheide, am Wegesrand finden wir Frauenflachs, Strandgrasnelken, Hornklee, Habichtskraut und Scharfen Mauerpfeffer.

Vorbei am Parkplatz des legendären Restaurants „Sansibar" (Tel. 04651/964646; www.sansibar.de), das hier in den Dünen nahe dem Weststrand liegt, errei-

Seit 1978 heißt hier der Hausherr Herbert Seckler. Er hat es geschafft, mit großer Gastfreundlichkeit und einem guten Preis- Leistungs-Verhältnis das „Sansibar" zu einer Marke zu machen und zu einem Ort, der Kult geworden ist. Der Zauber dieser „Bretterbude" ist schwer in Worte zu fassen – man muss ihn fühlen, schmecken, erleben. Und den Blick über den Strand, die Nordsee und das Wattenmeer gibt's umsonst dazu.

chen wir nach dem Passieren des 193 Meter hohen, 1962 zu militärischen Zwecken von der US Coast Guard aufgestellten Sendemasts der Loran-Station und des Hamburger Ferienlagers „Puan Klent" den Ortseingang von Hörnum. Von der ehemaligen dichten militärischen Präsenz der Bundeswehr mit zahlreichen Kasernengebäuden zeugen mit der Jugendherberge und den Kinderheimen noch einige Reste. Wir wechseln auf die linke Straßenseite (Radweg), passieren das Restaurant „Theeknob" (Tel. 04651/ 9957388) und sehen bald rechter Hand im Gebäude der ehemaligen katholischen Kirche St. Josef die Arche Wattenmeer der Naturschutzgesellschaft Schutzstation Wattenmeer. Diese seit Sommer 2013 für Besucher geöffnete Ausstellung bietet unter dem Leitbild „Arche Wattenmeer – Schöpfung bewahren, Verantwortung übernehmen" ein vielfältiges Informationsangebot zur Unterwasserwelt der Nordsee, zur Flora und Fauna des Wattenmeers, der Strände, Salzwiesen und Dünen, aber auch zum Problem der Vermüllung der Meere und zu weiteren Umweltproblemen in den Küstenmeeren und im Wattenmeer, jedoch vor allem zu Möglichkeiten des Naturschutzes und dem Erhalt der Biodiversität in den Meeres- und Küsten-Lebensräumen.

Gut informiert radeln wir so weiter nach Hörnum hinein. Der Linksknick der Straße führt uns zum Hafen, wo wir uns nicht nur mit einem Fischbrötchen oder Crêpe stärken können, sondern auch den ein- und auslaufenden Schiffen zusehen, die zu den Inseln, Halligen und zu den Seehundsbänken unterwegs sind. Wir können eine Umrundung der ständig in Veränderung durch die Sturmfluten befindlichen

Südspitze, der Hörnum-Odde (auch Naturschutzgebiet), als Wanderung unternehmen (siehe Seite 152–165), oder wir beobachten die schon seit Jahren im Hörnumer Hafenbecken herumdümpelnde Kegelrobbe und die Möwen, die von den Touristen gern mit Heringen gefüttert werden.

In Richtung Leuchtturm liegt der Ort mit einigen Einkaufs- und Einkehrmöglichkeiten (z. B. „Café Lund", Tel. 04651/881034, www.cafe-lund.de). Vom Hafen geht es zunächst auf gleichem Wege zurück, am Ortseingang bleiben wir aber auf der rechten Seite der Hauptstraße und gelangen so auf die Trasse der alten Inselbahn, die hier durch die Dünen von Hörnum nach Rantum und weiter nach Westerland fuhr. Der gut befahrbare Schotterweg fuhr an Dünen, aber auch an ausgedehnten Salzwiesen der

In der Schutzstation Wattenmeer in Hörnum wird seit 2013 ein vielfältiges Informationsangebot zur Unterwasserwelt der Nordsee und zur Fauna und Flora der Region angeboten. Die Ausstellung wird in der ehemaligen katholischen Kirche St. Josef gezeigt.

Vom Hörnumer Hafen, an dem auch der 1907 erbaute Leuchtturm liegt, kann man zu Kurzkreuzfahrten zu den Nachbarinseln und Halligen einchecken. Nur selten läuft in den kleinen Hafen ein großer Segler ein.

Wattseite entlang. Salzwiesen sind Lebensräume zwischen Meer und Land, die unregelmäßig vom Meerwasser überflutet werden. Besonders angepasste Salzpflanzen wie Queller, Andelgras, Meerstrand-Beifuß, Strandaster oder Strand-Grasnelke prägen den Lebensraum, der auch für Seevögel ein wichtiges Brut-, Rast- und Überwinterungsgebiet darstellt.

In Rantum gelangen wir wieder nahe an die Hauptstraße und fahren rechts von dieser auf einem Radweg bis zum Dikwai, der nach rechts durch ein kleines Wohngebiet direkt zum Radweg auf dem Deich des Rantumbeckens führt (für den, der es eilig hat). Wir aber fahren links auf den Radweg an der Hauptstraße und dann rechts in die Hafenstraße, die wir beim Hinweg schon als Abzweigmöglichkeit für die Kurzstrecke um das Rantumbecken erwähnt haben.

In der Sylt-Quelle wird nicht nur das aus dem Sylter Untergrund geförderte Mineralwasser abgefüllt, sondern hier finden wir neben einem Restaurant und Café (Tel. 04652/920320, www.sylt-quelle.de) auch ein wichtiges Zentrum des Sylter Kulturlebens mit anspruchsvollen Ausstellungen, Veranstaltungen und Festivals. Durch das Gewerbegebiet hindurch erreichen wir den Rantumer Hafen und den Deich, auf dem wir – recht windexponiert – mit schönem Blick über das Wattenmeer zur Rechten und die Wasserflächen des Rantumbeckens zur Linken entlangradeln. Westerland und die Kirche St. Severin in Keitum sind in der Ferne zu erkennen. Das 1936/37 aus militärischen Gründen (Landeplatz für Wasserflugzeuge) abgedeichte Rantumbecken wurde 1962 wegen seiner Bedeutung für die Vogelwelt als Naturschutzgebiet ausgewiesen. Das sowohl von Süß- wie Salzwasser beeinflusste Gebiet bietet ein Mosaik an Lebensräumen und beherbergt daher eine Vielzahl unterschiedlicher Vogelarten. Über 250 Arten wurden beobachtet, mehr als 60 finden Brutmöglichkeiten – immer wieder ein interessantes Beobachtungsgebiet für Vogelkundler. Der Säbelschnäbler ist der Symbolvogel des Beckens.

Am Ende des Rantumbeckens steht eine Schutzhütte mit Infotafel zum Küstenschutz, zum Deichbau, zu den Halligen und zu Sandaufspülungen. Wir radeln geradeaus in die Marsch, halten uns an der T-Kreuzung links, überqueren die Brücke und biegen in die zweite Straße rechts in Richtung Tierpark ein. Am privat geführten Tierpark Tinnum (über 400 Tiere und schöne Gartenanlage) vorbei kommen wir nach Tinnum hinein und biegen links in die Hauptstraße

Wegen seiner Bedeutung für die Vogelwelt wurde das 1936/37 eingedeichte Rantumbecken 1962 als Naturschutzgebiet ausgewiesen. Über 250 Vogelarten wurden hier beobachtet. Betreut wird das Schutzgebiet vom Verein Jordsand.

(Dirksstraße) ein, auf der wir Tinnum durchfahren. Am Abzweig zur Tinnumburg können wir noch eines der archäologischen Denkmäler der Insel besichtigen: eine sieben Meter hohe Wallanlage aus der Wikingerzeit. Über die Tinnumer Straße biegen wir auf die Straße „Trift", über die wir nach rechts wieder den Westerländer Bahnhof erreichen.

N

NORDSEE

Start

WESTERLAND

Aquarium

Tinnumburg

Tinnum

Burgtal

Wasser-
tal

Sansi-
bar

Loran-
Sendestation

Puan
Klent

NSG
Baakdeel-
Rantum

NSG
Rantumbecken

NSG
Rantumer
Dünen

Rantum
Nord

Sylt-Quelle

Söl'ring Hof
Sylt

Arche
Wattenmeer

Hörnum

Rantum

Nationalpark
Schleswig-Holsteinisches
Wattenmeer

Burg-
tal

NSG Hörnum-Odde

Wanderung rund um Kampen

Dünen, Heide und Meer

von Holger Schulz

Endlose Stände und kristallklare Luft. Grandiose Natur und kulinarische Highlights. Deutschlands nördlichste Insel bietet Genuss pur. Aber Wandern? Na klar doch, auch dafür ist Sylt wie gemacht. Wer das Eiland auf Schusters Rappen erkundet, findet die perfekte Synthese: Sportliche Herausforderung und leibliches Wohl lassen sich nirgendwo besser verbinden. Unsere Tour führt durch Dünen und blühende Heiden, über wilde Kliffs und auf überwältigende Aussichtspunkte. Strandrestaurants und idyllische Cafés verführen den Wanderer zur Einkehr. Und auch die Kultur kommt nicht zu kurz. Sylt von seiner schönsten Seite.

In Wenningstedt, am Strandübergang beim Hotel „Strandhörn", beginnen wir unsere Wanderung. Die Treppen nach oben, auf den Kamm der Düne, bringen uns auf Betriebstemperatur. Wir wollen nach Kampen, mit freiem Blick über Meer und Küste. Der schicke Holzbohlenweg, der auf den Dünen nach Norden führt, ist dafür gerade recht. Treppauf und treppab, auf schmalen Stegen, geht es durch die geschwungenen Hügel aus Sand und Strandhafer. Hier oben bleibt unseren neugierigen Blicken nichts verborgen. Draußen brechen sich die Wellen und rollen gezähmt auf den flachen Strand. Spaziergänger schlendern barfuß an der Wasserkante entlang. In den Strandkörben faulenzen die Sonnenanbeter oder genießen das Bad in den Wellen. Rechter Hand sieht man den Leuchtturm von Kampen, unverwechselbar mit seiner schwarzen Bauchbinde. Seit mehr als eineinhalb Jahrhunderten weist er den Schiffen den Weg.

Unser Holzsteg ist bald zu Ende, aber auf dem sandigen Pfad lässt es sich auch gut wandern. Einen knap-

Streckenlänge:
13,9 km, über Alternativroute 14,3 km

Start/Ziel:
Parkplatz am Strandübergang Berthin-Bleeg-Straße in Wenningstedt
N54°56'19,25" E8°19'05,57"

Tourenbewertung:
Nicht mit Kinderwagen! Treppen, Weichsand!
Höchster Punkt: 52 m
Niedrigster Punkt: 2 m
Anstieg gesamt: 177 m

Weithin sichtbar, auf dem Geestkern der Insel, steht der seit 1953 weiß gestrichene, mit einem schwarzen Band versehene Kampener Leuchtturm. Das Feuer des aus ursprünglich gelben Bornholmer Klinkern gemauerten Turms erstrahlte zum ersten Mal 1856. Der Leuchtturm kann nicht besichtigt werden.

Rechts: Vom Roten Kliff genießen wir den freien Blick über Meer und Küste.

pen Kilometer sind wir gerade erst gelaufen, da zeigt ein Wegweiser zum „Strandrestaurant Wonnemeyer". Eine kurze Rast, ein leckerer Kaffee, das wäre jetzt was. Auf der riesigen Terrasse, zum Schutz gegen stürmische Wellen auf mächtigen Holzpfählen erbaut, genießen wir den herrlichen Meerblick. Die Speisekarte klappen wir schnell wieder zu. Austern Sylter Royal und Wolfsbarsch vom Lavastein – klingt äußerst lecker, aber gegessen wird später. Weiter geht's, auf unserem Weg, der sich jetzt zu einem abenteuerlichen Trampelpfad wandelt. Die sandigen Steigungen bringen uns gehörig ins Schwitzen. Ausgewaschene Rillen im lockeren Boden bezeugen, dass nicht nur die Sturmfluten am Roten Kliff nagen. Hier oben leistet die Erosion durch starken Regen ganze Arbeit. Auch das gehört zu Sylt: Die Macht der

180

Hinauf geht es zur höchsten Erhebung auf Sylt: der Uwe-Düne. Mit 52,5 Metern über Normalnull wird sie im Umkreis von 40 Kilometern von keiner anderen Erhebung überragt. Benannt ist sie nach Uwe Jens Lornsen (1793–1838), dem Vorkämpfer für ein geeintes und unabhängiges Schleswig-Holstein.

Elemente unterwirft die Insel einem stetigen Wandel.

Wir verlassen das Kliff und wandern landeinwärts. Vor uns ragt die Uwe-Düne empor, mit 52,5 Metern die höchste Erhebung von Sylt. 110 hölzerne Stufen führen hinauf, und mancher kommt dabei mächtig ins Pusten. Aber der Aufstieg lohnt sich: Das Panorama ist überwältigend. Im Norden, hinter der größten Wanderdüne Deutschlands, leuchtet die dänische Insel Röm aus dem Dunst, im Hafen von List legt gerade die Autofähre an. Weit draußen im Watt lassen sich die Muscheltische von Dittmeyer's Austern-Compagnie erahnen. Seit 30 Jahren wachsen dort die Sylter Royal heran, Nordseeaustern, ein Gaumenschmaus für Kenner. Am Fuß der Uwe-Düne gehen wir rechts bis zum Ortsrand von Kampen. Nur noch wenige

Schritte sind es zum Strönwai, der berühmten „Whiskymeile" von Sylt. Einmal bummeln wie die Promis: Luxusboutiquen in schmucken Reetdachhäusern, Promi-Clubs und Restaurants wie das „Gogärtchen" und das „Pony", aber auch schicke Sportwagen und bekannte Gesichter. Nach kurzem Rundgang durch diese andere Welt geht es zurück zum Roten Kliff. Am Parkplatz bestaunen wir den Kampener Findling, einen riesigen Gneis-Block, dreieinhalb Meter hoch und 20 Tonnen schwer. Erst vor einigen Jahren wurde er am Hauptstrand geborgen. Vorbei am Restaurant „Sturmhaube", das mit seinem kreisrunden Reetdach wie eine Burg über dem Kliff thront, gelangen wir zur Aussichtsplattform. Der perfekte Ort für eine kurze Rast im gemütlichen Strandkorb – Meeresrauschen im Ohr und die rote Wand des Kliffs im Blick.

Eingebettet in ein Naturschutzgebiet thront die „Sturmhaube" wie eine Burg über dem Meer und bietet einen der schönsten Ausblicke auf die Sonnenuntergänge am Sylter Weststrand.

Das Quermarkenfeuer Rotes Kliff steht nordwestlich von Kampen. Es wurde 1912 bis 1913 zum Warnen der Schiffe vor einer Sandbank in der Einfahrt zum Lister Tief gebaut. Nachdem das Feuer 1974 gelöscht wurde, übernahm der große Turm in Kampen seine Aufgabe. Das in den Dünen liegende Gebäude wird nachts angestrahlt.

Unsere nächste Etappe bringt uns nach Osten, zur gegenüberliegenden Seite der Insel. Der Weg führt vorbei am Kampener Quermarkenfeuer, einem hübschen achteckigen Turm aus roten Klinkern. Er diente einst dazu, den Schiffen die Einfahrt ins Lister Tief zu erleichtern. Nur zwei Kilometer weiter begrüßt uns das Wattenmeer. Wir tauchen ein in eine völlig andere, sanftere Landschaft. Keine hohen Dünen mehr, kein steiles Kliff, sondern feuchte Senken und flache Hügel. Auf schmalen Wegen begleiten uns wunderschöne Reetdachhäuser, in bester Lage und mit Wattenmeerblick. Zwischen urigen Kiefern gelangen wir zum Café „Kupferkanne". Im Zweiten Weltkrieg als Flakbunker erbaut, wurde es später ein Künstlertreff und ist heute ein Platz zum Genießen. Innen romantisch verwinkelt und fanta-

sievoll dekoriert, mit vielen Gängen und Nischen, draußen ein herrlicher Garten, mit weitem Blick übers Watt. Die hausgebackenen Kuchen sind ein Gedicht – und eine kleine Sünde wert.

So gestärkt nehmen wir unsere letzte Etappe in Angriff. Vor uns liegt die Braderuper Heide, ein ganz besonderes Kleinod. Die weithin offene Landschaft, dicht bewachsen von immergrünen Zwergsträuchern, fällt sanft zum Wattenmeer ab. Im Sommer ist sie von einem violett leuchtenden Teppich aus den Blüten der Heidesträucher bedeckt. Hölzerne Treppen überwinden die Täler, die vom Hang hinunter zum Watt verlaufen. Hier haben wir die Wahl: Wandern wir oben über die Heide oder lieber unten am Watt? Die Strecke ist etwa die gleiche, und beide Wege treffen später wieder zusammen. Wir entschei-

Die Gemeinde Kampen wurde erstmals 1543 urkundlich erwähnt. Bis circa 1900 war es ein rein landwirtschaftlich geprägter Ort. Von Touristen wurde Kampen erst sehr spät entdeckt. Da eine Verordnung aus dem Jahr 1912 detailliert festlegt, dass alle neuen Häuser dem Ortsbild entsprechen sollen, hat sich die Gemeinde bis heute ihr von Reetdächern bestimmtes Bild erhalten. Das „Haus Kliffende" ist durch seine exponierte Lage immer wieder von Sturmfluten bedroht

Die Braderuper Heide: Das rund 137 Hektar große Naturschutzgebiet liegt zwischen Kampen und Braderup an der Wattseite der Insel. Im Sommer ist es von einem violett leuchtenden Teppich von Besen- und Glockenheide überzogen. Schutzmaßnahmen sorgen dafür, dass die Heidepflanzen nicht überaltern und andere Pflanzen ihren Platz einnehmen.

den uns für die Heide. Zweieinhalb Kilometer, in himmlischer Ruhe und mit endloser Sicht – jeder einzelne Schritt ein Genuss. Kurz vor Wenningstedt weckt ein Schild unsere Neugier: Zum Denghoog, dem größten Hünengrab Nordwesteuropas, sind es nur wenige Minuten. Das lassen wir uns nicht entgehen. Die düstere Grabkammer, erbaut vor mehr als 5000 Jahren, misst drei mal fünf Meter. Zwölf riesige Findlinge bilden die Seitenmauern und tragen die gewaltigen Deckensteine. Zurück an der Sonne, dauert es gerade noch zwanzig Minuten, und wir sind am Ziel unserer Tour. 14 Kilometer, sechs Stunden, ein Tag voller Erlebnisse liegt hinter uns. Kein Zweifel: Sylt ist allemal eine Wanderung wert.

Start:

Parkplatz in Wenningstedt am Strandübergang Berthin-Bleeg-Straße > Über Holztreppe (Strandübergang) auf die Dünen > Gegenüber der kleinen Aussichtsplattform nach rechts Richtung Kampen auf den Steg (Holzbohlenweg) und diesem entlang der Kliffkante folgen > Nach 400 m endet Holzsteg an Strandübergang und führt als Sandweg an der Kliffkante weiter > Nach 380 m Strandübergang (Strandrestaurant Wonnemeyer), weiter über kurzen Holzsteg und auf Sandweg an der Kliffkante > Nach 900 m Holzsteg zum Strand, weiter auf der Kliffkante > Nach 300 m rechts abbiegen auf breitem Holzsteg zur Uwe-Düne > Nach 240 m Holztreppe auf Uwe-Düne > Besteigung der Uwe-Düne > Vor der Treppe auf die Düne dem Weg nach rechts Richtung Kampen folgen > Nach 450 m auf dem Westerweg am Ortsrand von Kampen nach links gehen > Nach 190 Metern rechts in den Strönwai abbiegen > Spaziergang im 250 m langen Strönwai („Whiskymeile") bis zur Hauptstraße und zurück zum Westerweg > Auf dem Westerweg 90 m nach rechts bis zur Kurhausstraße > Von dort halb links Richtung „Sturmhaube" > Nach 640 m auf dem Parkplatz direkt hinter Restaurant „Sturmhaube" halb links Richtung Kliff > Nach 125 m kleine Aussichtsplattform auf dem Kliff > Zurück und nach 100 m links abbiegen. Nach 40 m dem breitem Weg nach links zur großen Aussichtsplattform folgen > Nach 200 m Aussichtsplattform am Roten Kliff von Kampen.

Tipp: Nicht rechts abbiegen, sondern runter zum Strand laufen, auf Höhe des Strandbistros „La Grande Plage" Aufstieg zur Uwe-Düne, Anschluss an die Hauptstrecke

Tipp: Schöne Aussicht von der Uwe-Düne

Tipp: „Whiskymeile" Strönwai

Tipp: Aussichtsplattform Rotes Kliff Kampen ist ein schöner Rastplatz.

4,8 km Aussichtsplattform Rotes Kliff Kampen:

220 m zurück zum Parkplatz und Kampener Findling (Infotafel) > Am Findling nach links, am Ende der Parkplätze weiter Richtung „Haus Kliffende" > Nach 400 m rechts abbiegen Richtung Leuchtturm Quermarkenfeuer > Nach 140 m: Quermarkenfeuer > Den Holztreppen nach unten folgen > Nach 70 m auf Schotterweg rechts abbiegen > Nach 200 m rechts auf asphaltierten Radweg abbiegen > Nach 180 m nach links abbiegen und Hauptstraße überqueren > Nach 80 m dem Radweg an Hauptstraße nach links folgen > Nach 180 m rechts in den unbefestigten „Wattwanderweg" Richtung „Grönning" > Nach 400 m an der Holzschranke weiter Richtung Grönning > Nach 900 m spitze Weggabelung, dem schmalen Pfad nach rechts folgen. Dem Schotterweg Richtung „Fennenweg" weiter nach Süden folgen > Nach 190 m rechts abbiegen in schmalen Weg zwischen Natursteinmauern > Nach 50 m links abbiegen > Nach 150 m schmaler Asphaltstraße nach halb links folgen > Nach 260 m über Treppen nach rechts oben Richtung „Kupferkanne" und „Ortsmitte" > Nach 180 m Café „Kupferkanne".

Tipp: Nach Überquerung der Hauptstraße schöne Ausblicke aufs Wattenmeer

Tipp: Café „Kupferkanne" (Stapelhooger Wai 7, 25999 Kampen/Sylt, 04651 41010, www.kupferkanne-sylt.de)

8,4 km Café „Kupferkanne":

Unterhalb Garten des Cafés nach 60 m auf breiteren Weg nach rechts abbiegen > Nach 140 m links abbiegen und dem Wanderweg durch die Heide nach Süden folgen. Mehrere Täler werden auf Holzstegen und Treppen überquert > Nach 180 m ggf. für Alternativroute (siehe S. 190) im Tal zwischen den Treppen links abbiegen Richtung Wattenmeer, ansonsten Treppenweg weiter folgen > Nach 470 m breiteren

Tipp: Alternativroute nahe dem Watt nehmen

Eingebettet in eine zauber-
hafte Kiefernlandschaft im
Osten von Kampen liegt die
„Kupferkanne", ein Refugium
für Sylt-Besucher, die lecke-
ren Kuchen und frisch
gerösteten Kaffee lieben –
und die grandiose Aussicht
auf das Wattenmeer.

Querweg kreuzen und gegenüber weiter beim Schild
„NSG Braderuper Heide". Direkt danach Weggabelung, den schmaleren Pfad nach halb links nehmen
und ihm in südlicher Richtung durch die Heide folgen, teils über Holzstege und Treppen > Nach 1,3 km
verlassen wir die Heide. Rechts abbiegen auf breiteren Wirtschaftsweg. Hier stößt auch die Alternativroute (siehe S. 190) wieder auf unseren Weg > Nach
280 m auf Asphaltsträßchen rechts abbiegen > Nach
260 m hinter Rechtskurve der Hauptstraße links in
Plattenweg abbiegen > Nach 290 m rechts abbiegen >
Nach 180 m links abbiegen und weiter entlang Golfplatz nach Westen > Nach 700 m am Ende des Golf-
platzes links in asphaltierten Wirtschaftsweg abbiegen > Nach 160 m rechts in Radweg abbiegen und
durch Unterführung die Hauptstraße queren > Nach
220 m den Kampener Weg in Wenningstedt schräg
rechts queren und der Straße „Bi Kiar" folgen > Nach
140 m nach rechts in Straße „Am Denghoog" > Nach
90 m Hünengrab Denghoog (Besichtigung) > zurück
auf der Straße „Am Denghoog" > Nach 90 m auf „Bi

Tipp: Besichtigung Hünengrab Denghoog (Infos siehe
S. 297)

Hungrig geworden? Dann empfiehlt sich ein Besuch der Gosch Restaurantbetriebe, die es inzwischen an vielen Orten auf Sylt und auf dem Festland gibt. Jürgen Gosch, der Gründer der Unternehmensgruppe, eröffnete 1972 einen Imbiss im Hafen von List. In den 1980er-Jahren expandierte er zunächst auf Sylt, wenig später kamen Niederlassungen in Hamburg, Berlin und Düsseldorf hinzu. 2012 wurde die futuristisch anmutende Filiale „Gosch am Kliff" in Wenningstedt (Foto) eröffnet.

Kiar" nach rechts > Nach 20 m links in „Kirchweg" > Nach 340 m nach rechts abbiegen (zuerst „Hauptstraße", danach „Berthin-Bleeg-Straße") > Nach 750 m am Ausgangspunkt Parkplatz am Strandübergang.

Alternative Strecke:

Streckenführung nahe dem Watt, unterhalb des Heidewegs. Dazu nach dem Café „Kupferkanne" (S. 188) im Tal mit den ersten Holztreppen nach links Richtung Wattenmeer abbiegen > Nach 270 m am Watt nach rechts > Nach 1,9 km stößt die Alternativroute wieder auf die Hauptroute. Dieser entsprechend obiger Routenbeschreibung geradeaus weiter folgen. Länge der alternativen Strecke: 2,2 km, 400 m länger als Hauptroute.

Tipp:
„Gosch am Kliff" (Dünenstraße 17a, 25996 Wenningstedt-Braderup, 04651 43289, www.gosch.de)

13,9 km Ziel:

Parkplatz am Strandübergang Berthin-Bleeg-Straße. Zur Stärkung nach der Wanderung lädt „Gosch am Kliff" (einen Strandübergang weiter südlich) ein.

NORDSEE

NSG Nielönn

Nationalpark
Schleswig-
Holsteinisches
Wattenmeer

N

Quermarken-
feuer

Kampen

Uwe-Düne

Rotes Kliff

NSG Dünenlandschaft
auf dem Roten Kliff

NSG
Braderuper
Heide

Start

18

18

Wenningstedt

Braderup

50 Jahre geplant
Der Hindenburgdamm

Selbst bei Orkanfluten werden die Wellen den Hindenburgdamm nicht so bedrohen wie auf der umseitigen Fotomontage aus dem 1930er-Jahren. Aber auch ohne diese dramatische Inszenierung ist die Fahrt durch das Wattenmeer auf die Insel immer wieder ein Erlebnis. Bis zum Jahr 1927 mussten die Sylt-Besucher zeitaufwendig und umständlich mit der Fähre über Hoyerschleuse auf dem Festland nach Munkmarsch auf Sylt oder mit dem Dampfer von Hamburg nach Hörnum anreisen. Das konnte bei ungünstigem Wasserstand schon einmal bis zu zwölf Stunden dauern. Daher war es nur zu verständlich, dass Jahr für Jahr Initiativen zum Bau einer Eisenbahnverbindung ins Leben gerufen wurden, die aber wegen der hohen Baukosten immer wieder verworfen wurden.

Am 1. Juni 1927 ist es dann so weit. Der erste Sonderzug mit dem Reichspräsidenten Paul von Hindenburg an Bord rollt um 10.30 Uhr auf den Damm und erreicht nach 40 Minuten Westerland. Zuvor war 50 Jahre geplant und vier Jahre gebaut worden, 3,2 Millionen Tonnen Sand, Klei und Erde sowie 120 000 Tonnen Gestein wurden bewegt.

Ursprünglich eingleisig erbaut, später mit einer Ausweiche versehen, ist der Hindenburgdamm seit 1972 durchgehend zweigleisig befahrbar. Während früher die Reise 11,3 Kilometer weit durch das Wattenmeer ging, ist sie heute aufgrund von Landgewinnung und Eindeichungsmaßnahmen nur noch etwas mehr als acht Kilometer lang.

Heute erreicht man in zehn Minuten die Insel.

Folgende Doppelseite: So könnte eine Überfahrt über den Hindenburgdamm bei Sturmflut aussehen. Auf dieser Fotomontage aus den 1930er-Jahren reicht die Brandung bis an die Deichkrone. Aber auch ohne diese Dramatisierung ist eine Eisenbahnreise von Niebüll nach Westerland immer wieder ein Erlebnis.

Die Sylter Sahara
Wie im Mittelpunkt der Welt
von Hermann Schreiber

Als der Dramatiker Gerhart Hauptmann im Sommer 1915 dort war, schrieb er in sein Tagebuch: „Es ist hier wie auf den Gletschern eines Hochgebirges! Aber diese Einheit von Schneebergen und weitem Meer schafft einen Anblick von solch einem erhabenen Geist, dass mir ist, als habe ich in der Natur nie Ähnliches gesehen." Es ist ein magischer Ort, der solche Empfindungen auslöst, auch noch ein halbes Jahrhundert später, als Ernst von Salomon notierte: „Auf den Gipfeln der Dünen stehst du im Mittelpunkt der Welt, und nichts ist außer dir, und du selbst bist nichts. Nur der Wind weist dir den Weg, treibend und drängend. Du wirst stark, wenn du dich gegen ihn wendest."

Es ist der Norden der Insel, von dem die Rede ist, die „Sylter Sahara": jene Mondlandschaft westlich von List, an der man auf der holprigen Betonpiste, die das Militär hinterlassen hat, entlangfährt auf dem Weg zum nördlichsten Gelände Deutschlands, dem sandigen Nehrungswall, der Ellenbogen genannt wird. Die Sylter Sahara – das sind vor allem drei Wanderdünen, der Rest einer Dünenkette im Westen der Insel, die vor ein paar Tausend Jahren so gut wie ausschließlich aus wandernden Dünen bestand. Heute ist das Wander-Dünen-Gebiet etwa 2,5 Kilometer lang, durchschnittlich 600 Meter breit, und die einzelnen Wanderdünen sind bis zu 35 Meter hoch.

Natürlich können die Dünen selbst gar nicht wandern. Sondern der vornehmlich aus westlichen Richtungen wehende Wind verbläst den Sand der Düne ostwärts. Die dem Wind zugekehrte Seite (Luv) steigt sanft an, die dem Wind abgekehrte Seite (Lee) fällt relativ steil ab. So entsteht der Eindruck, die Düne

Folgende Doppelseite:
„Auf den Gipfeln der Dünen stehst du im Mittelpunkt der Welt, und nichts ist außer dir, und du selbst bist nichts. Nur der Wind weist dir den Weg, treibend und drängend. Du wirst stark, wenn du dich gegen ihn wendest."
Ernst von Salomon

Auch die drei Wanderdünen im Listland – die einzigen verbliebenen auf deutschem Boden – versucht man durch systematische Bepflanzung mit Standhafer und Krähenbeere am Weiterwandern zu hindern. Doch trotzdem hat die größte von ihnen die Straße von Kampen nach List schon fast erreicht.

bewege sich übers Land. Im Effekt tut sie das ja auch. Sie kommt dabei in einem windigen und trockenen Sommer um die zwölf Meter voran – ohne Rücksicht auf alles, was ihr im Wege ist. So ist nicht nur das alte Rantum untergegangen, sondern auch das alte List. Erst im letzten Drittel des 19. Jahrhunderts, als Sylt preußisch geworden war, hat man damit begonnen, die Dünen systematisch zu bepflanzen, mit Strandweizen, dann mit dem robusteren und höheren Strandhafer; denn die Wurzeln dieser Dünengräser fixieren den Sand, sodass der Wind die Körner nicht mehr forttragen kann. Im Süden der Insel kann man auf kräftig mit Heide oder Krähenbeeren bewachsene, fixierte Dünen treffen. Im nördlichen Küstenbereich, wo der Wind die westlichen Dünen weiterhin mit Sand übersprüht, ist das anders. Die drei

noch verbliebenen Lister Wanderdünen – die einzigen auf deutschem Boden – wandern weiter; die größte von ihnen hat die Straße von Kampen nach List schon fast erreicht.

Alt-List, auch Listum genannt, soll im 14. Jahrhundert, wohl nach der „Groten Mandränke" von 1362, untergegangen sein. Es gibt im Westen der heutigen Ortschaft List ein Dünental, in dem die Umrisse der alten Ansiedlung noch zu erkennen sind. „Wohin wir kommen, sind schon die Toten gewesen und haben ihre Geräte hinterlassen", hat der Sylter Arzt und Lyriker Bodo Schütt geschrieben. Er hat sein Gedicht zwar „Kampener Heide" genannt, aber im Grunde gilt das, was es aussagt, für die ganze Insel. Und in der „Sylter Sahara" sind solche Empfindungen besonders präsent.

Noch bis Ende des 19. Jahrhunderts waren große Teile der Insel Sylt mit Wanderdünen bedeckt. Durch den vorherrschenden Westwind können sich diese Dünen bis zu mehrere Meter im Jahr nach Osten verlagern. Durch Bepflanzung mit Strandhafer waren bis Ende der 1930er-Jahre alle Wanderdünen festgelegt, bis auf die zwei kleinen und die eine große Wanderdüne im Listland. Sie vermitteln noch eine Vorstellung davon, wie die Landschaft nördlich von Kampen einst aussah

Wolfgang von Gronau
(1893–1977) startete 1930
mit einem Dornier-Flugboot
namens „Wal" (rechts) von
List nach New York, zwei
Jahre danach zu einer Weltumrundung. Seine Leistung
fand weltweit große Beachtung. Auf dem idyllisch gelegenen Lister Friedhof, dem
einzigen Dünenfriedhof der
Insel, hat der Ehrenbürger
der Gemeinde seine letzte
Ruhestätte gefunden.

Ich habe diese Landschaft, die natürlich unter stren-
gem Naturschutz steht, vom Lister Friedhof her
kennengelernt und fand das durchaus angemessen.
Der Lister Friedhof ist der einzige Dünenfriedhof
der Insel, und die kleine, dorthin führende Abzwei-
gung der Straße, auf der man zum Weststrand
gelangt, ist am Ortsausgang leicht zu übersehen.
Dabei liegt dort der Mann begraben, der dem Ort
List erstmals zu weltweiter Beachtung verholfen
hat: Wolfgang von Gronau, Chef der Deutschen Ver-
kehrsfliegerschule, der vom damaligen Seeflieger-
horst List im August 1930 mit einem Dornier-Flugboot namens „Wal" ohne amtliche Erlaubnis zu
einem transatlantischen Flug nach New York startete und dort, nach drei Zwischenlandungen in
Irland, Grönland und Kanada, auch heil ankam.
Zwei Jahre später startete Gronau in List zu einer
Weltumrundung und konnte den „Wal" 45 000 Flug-
kilometer und vier Monate später vor der Dornier-
Werft am Bodensee sicher landen. List hat Gronau
zum Ehrenbürger gemacht und erinnert an seine

Pioniertaten auf einem Gedenkstein am trubeligen Hafen.

Von dem Friedhof führen schmale Trampelpfade, von denen aus Lister Bürger erkennbar ihren Hunden ein bisschen Auslauf gönnen, in die umgebende Dünenlandschaft. Die Pfade weisen aber auch hinein in ein Dünental, aus dem ein paar vollständig bewachsene Hügel herausschauen: dunkel wie die Farbe der Heide, die hier angewachsen ist, und vollends düster im Kontrast mit dem Weiß der großen Wanderdüne, die am Ende des Tals aufleuchtet wie ein Gletscher. Wer es wagt, das Tal zu durchqueren, sollte nicht nur physisch, sondern auch psychisch hinlänglich stabil sein. Denn auch wenn er nicht in der Lage ist, die Strukturen der Ansiedlung zu erkennen, die hier untergegangen sein mag, wird er sich, wie Bodo Schütt, des Gefühls nicht erwehren können, dass die Toten hier schon gewesen sind.

Auf der Düne selbst ist es bei sonnigem Wetter so blendend hell, dass der Wanderer, der hier ohnehin nicht sein sollte, sich fühlen mag wie ein Verbrecher auf Schlafentzug. Die Waschbrettmuster im Sand, die an die Rippelmarken des Meeresbodens im Watt bei Ebbe erinnern, sind ein Ausdruck der Dynamik dieser Landschaft, die dem Wind geschuldet ist. Nur die sogenannten Kupsten, die Stellen also, an denen es gelungen ist, auf der Düne Strandhafer anzupflanzen, ruhen unbewegt in ihrer wandernden Umgebung. Das sind Anblicke, die den Betrachter daran zweifeln lassen können, noch auf dem Planeten Erde zu sein. Mondlandschaft eben.

So mutet die Szenerie auch von jener Betonpiste aus gesehen an, die den Gast zum Ellenbogen führt. Man glaubt sofort, dass die NASA-Astronauten vor der Mondlandung hier trainiert haben könnten. Und dann kommt man gleich nach dem großen Parkplatz vor der neuen Lister Weststrandhalle (deren Vorgängerin hat die Nordsee schon lange von der Abbruchkante geholt) buchstäblich an eine Grenze: eine Mautstation. Von hier aus kostet das weitere Befahren der Betonpiste fünf Euro pro Auto. Man befindet sich auf privatem Grund und Boden.

Und das nicht nur an dieser Schranke. 1284 Hektar des Listlands nördlich der Kampener Vogelkoje sind bis heute in Privatbesitz – nicht weil ein größenwahnsinniger Investor zugeschlagen hätte, sondern weil sich Erbrecht und Eigentumsbegriff hier im Norden völlig verschieden vom Rest der Insel entwickelt haben. Zu erklären ist das nur historisch. Im 12. Jahrhundert war die Insel dänisches Hoheitsgebiet, im Jahr 1178 zahlten die Friesen erstmals nachweislich Steuern an die dänische Krone. Und nachdem das alte Listum in der Allerheiligenflut 1436 gänzlich untergegangen war und nach dänischem Recht alles „wüste Land" an die Krone fiel, war der König von Dänemark ohnehin Herr des Listlands und zuständig für die Neubesiedlung. Von ihm erhielten es im nächsten Jahrhundert zwei Fischer aus Fanø als erbliches Lehen, genannt Erbfeste. Die Fischer teilten das Land unter sich auf, und ihre beiden Höfe begründeten das neue List. Die Geschichte vom Westhof und vom Osthof bestimmte fortan auch die Geschichte des Listlands. Und da die Höfe als Erbfesten unteilbar waren, kam es nicht zu der im Süden der Insel mit dem Erbvorgang verbundenen Zersplitterung des Grundbesitzes. Der Norden

Hereinkommende Flut im Königshafen. An der nörd-lichsten Spitze Deutschlands waren einst die dänischen Könige Landesherren. Der Naturhafen zwischen List und Ellenbogen ist benannt nach dem dänischen König Christian IV., der hier im 17. Jahrhundert eine See-schlacht gewann.

blieb in der Hand von zwei Familien. 1848 erst wur-den die Erbfesten in Privateigentum umgewandelt. Und noch heute gehört das Listland den Nachkom-men jener zwei Sippen der Fischer von Fanø: einer 30-köpfigen Erbengemeinschaft mit den beiden Stammfamilien Diedrichsen (Osthof) und Paulsen (Westhof).

Wem diese Entwicklung nicht völlig nachvollziehbar erscheint, dem drängt sich erst recht die Frage auf, warum die Familien Paulsen/Diedrichsen nicht wenigstens zehn Prozent ihres Landes für hundert Euro pro Quadratmeter verkaufen. Sie hätten dann etwa 160 Millionen eingenommen und immer noch mehr als 14 Millionen Quadratmeter besten Küsten-lands in ihrem Besitz. Die einfachste Antwort auf diese Frage ist wohl: Das Land steht unter Natur-schutz. Aber das galt auch einmal für das Gelände an der südlich von List gelegenen Blidselbucht, wo jetzt im Süderheidetal und in Westerheide sehr gediegene, reetgedeckte Häuser den größten Teil des Jahres leer stehen.

Das Listland, eine aus Wanderdünen, Heide und Salzwiesen bestehende Landschaft, erstreckt sich nordwestlich vom Hafenort List. Die Ellenbogen genannte Landschaft gehört seit Jahrhunderten zwei Familien. Hier befinden sich neben drei Häusern, in denen man Ferien machen kann, auch die Leuchttürme List Ost und List West (oben).

Niels Diedrichsen vom Osthof liebt sein sandiges Land am Ellenbogen und seine Schafe, die auf der Suche nach Gräsern ungeniert die Betonpiste überqueren, weil den Autofahrern längst klar ist, dass Schafe am Ellenbogen grundsätzlich Vorfahrt haben. Noch mehr Häuser zu bauen, die monatelang leer stehen – davon hält Diedrichsen nichts, denn „daran verdienen nur die Architekten und die Makler". Die drei reetgedeckten Friesenhäuser beim östlichen Leuchtfeuer (es gibt auch noch ein Leuchtfeuer Ellenbogen West, beide haben die Dänen gebaut) haben jahrelang die Biologische Anstalt Helgoland beherbergt; aber seit 1959 sind sie Deutschlands nördlichste Ferienanlage, gemanagt vom Diedrichsen-Stamm. Man nennt die Anlage „Üthörn", wie die Sandinsel im sogenannten Königshafen, wo seltene Seevögel eine Zuflucht finden, weil die Füchse dort nicht hinkommen. Der Königshafen selbst hat historisch eine Rolle gespielt, ist aber längst versandet und bei Flut und gutem Wind ein Tummelplatz der Kite-Surfer. Neuerdings hat nun auch List ein klotziges Wellness-Hotel namens „Arosa", direkt am Strand. Aber auf weitere, millionenträchtige Landverkäufe angesprochen, sagt Niels Diedrichsen kategorisch: „Wir machen nichts."

Wenn er das ernst meint, ist – und bleibt – der Ellenbogen dann ein stiller Winkel? Das war er nie. Gleich links neben der Maut-Piste erhebt sich 26 Meter hoch der Ellenbogenberg, auf dem seit Jahrhunderten bei Nacht und Sturm die Hexen tanzen sollen. Einen Kilometer weiter, an der schmalsten Stelle im Westen des Königshafens, ist bei Sturmfluten immer wieder das Meer durchgebrochen und hat den Ellen-

bogen von der Insel abgetrennt, bis man in den 1960er-Jahren Hunderte von Weihnachtsbäumen in die „Sollbruchstelle" geworfen hat, die sich als Sand-fänger seither bestens bewährt haben. Und weiterhin gehört für sehr viele Sylter Silvestergäste der 2,3 Kilo-meter lange Neujahrsspaziergang um die nördlichste Spitze Deutschlands zum Pflichtprogramm.

Aber eins ist und bleibt dennoch wahr: Wer auch mal allein sein, wer seine Wege am Strand nicht in einer mehr oder weniger dichten Karawane machen will; wer auch in der Hochsaison immer einen Platz finden will, an dem er seinen „Claim" abstecken und sich in gehöriger Entfernung zum Nachbarn nieder-lassen kann; wer die Sylter Landschaft „naturbelas-sen" erleben will – der muss zum Ellenbogen kom-men und in die Sylter Sahara.

An der schmalsten Stelle des Ellenbogens, im Westen des Königshafens, wurde die Insel bis in die 1960er-Jahre bei sehr schweren Sturm-fluten geteilt. Mit Hunderten von Weihnachtsbäumen, die sich als Sandfänger bestens bewährt haben, wurde diese „Sollbruchstelle" geschlossen.

Emma Sturzflug
Möwen-Hitchcock in Westerland

von Emanuel Eckardt

Es ist wie ein Alptraum. Der Schrecken von Hitchcocks *Die Vögel* wird Realität; in Westerland stürzen sich Möwen im Zielflug auf Spaziergänger an der Promenade, um Fischbrötchen zu ergattern, und attackieren kleine Kinder, weil sie die Eiswaffel in den Patschehändchen als leichte Beute erkennen. Die Schnäppchenjäger zeigen Schwarmintelligenz, jahrelang geschult von gedankenlosen Touristen, die sie mit Brotresten und Pommes füttern und es ihren Kindern beibringen: Schau mal, die schönen Vögel, sie sind gar nicht scheu, so zutraulich, lassen sich sogar fotografieren.

„Die Möwen sehen alle aus, als ob sie Emma hießen. Sie tragen einen weißen Flaus und sind mit Schrot zu schießen", dichtete Christian Morgenstern, um eilends hinzuzufügen: „Ich schieße keine Möwe tot, ich lass sie lieber leben – und füttre sie mit Roggenbrot und rötlichen Zibeben", heute eher bekannt als Rosinen, aber das hätte sich nicht so schön gereimt. Emma hat dazugelernt. Die schönen Vögel profitieren vom Kulturwandel einer Zivilisation, die auf das Essen in geschützten Räumen verzichtet und den Verzehr im Vorübergehen vorzieht, Pizza to go, Crêpes aus der Hand, Fischbrötchen und Eis in der Waffel.

Als der Schweizer Ueli Prager 1948 sein erstes Restaurant in Zürich eröffnete, zeigte das Logo eine Möwe im Flug, der Gast sollte aufpicken, was ihm schmeckt. So entstand die Marke Mövenpick. Mövenpick ist überall, auch an der Promenade von Westerland auf Sylt.

Mövenpick live, das ist Fingerfood im Flug erhascht. Mensch und Silbermöwe auf Augenhöhe. „Wo de

Folgende Doppelseite: Der Himmel über Sylt, undenkbar ohne die kreisenden Möwen, ein elegantes, bewegendes Schauspiel – das manchmal an einen Horrorfilm erinnert. Dann greifen sie an.

Möwen schriegen grell in't Stormgebrus, dor is mine Heimat, dor bün ick tau Hus", heißt es meerumschunkelt im Friesenlied „Wo de Nordseewellen trecken an den Strand" nach den Versen der weitgereisten Darßerin Martha Müller-Grählert, die natürlich ursprünglich die Ostseewellen bedichtet hat; Sylt und Möwen gehören jedenfalls zusammen. Aber friedliche Koexistenz ist das nicht. Möwen haben die Nahrungssuche in den Nordseewellen aufgegeben, lauern auf Vordächern, kreisen in Scharen über dem Nahrungsangebot, attackieren ihre wehrlosen Opfer. Notärzte melden Verletzungen an Händen, Armen oder im Gesicht. Sogar die Tochter der beliebten ehemaligen Bürgermeisterin Petra Reiber haben sie schon auf dem Fahrrad angegriffen, obwohl sie gar nichts zu essen dabei hatte.

Sie sind zum Fürchten, rasant im Anflug; mit einer Spannweite von eineinhalb Metern fast so groß wie ein Mäusebussard versetzen sie die Menschen in Angst. Feriengäste fühlen sich beim Frühstück auf dem Balkon bedroht, und dann dieses Geschrei! Silbermöwen können kreischen wie Teenager, miauen wie Katzen, jauchzen, gackern oder kichern. Immer dabei, im niedrigen Suchflug durch Fußgängerzonen, die Lachmöwe, mit einer Spannweite von 85 Zentimetern kleinster Möwenvogel in Mitteleuropa. Sie lacht eigentlich kaum, ruft aber gern „kiek" (niederdeutsch für: sieh mal an) und ist mit 57 000 Paaren häufigster Brutvogel im Wattenmeer. Lachmöwen umschwärmen gern Traktoren und picken Regenwürmer aus den frisch aufgebrochenen Furchen (rund 220 Gramm am Tag), fressen aber auch gern eine adäquate Menge gepulter Krabben, wenn man sie lässt.

Auch für Möwen gilt: Das Angebot regelt die Nach-frage. Ein Kurswechsel der Meeresströmung ließ mehrere Sandbänke vor Sylt verschwinden. Weil Fut-ter in besiedelten Gegenden leichter zu beschaffen ist als in den Weiten von Watt und Meer, sind die Möwen Kulturfolger geworden. Und weil jüngst eine Mülldeponie geschlossen wurde, suchen sie neue Nahrungsquellen und neue Brutplätze. Denn nicht nur drei Millionen Feriengäste, sondern auch der Fuchs soll über den Hindenburgdamm zugewandert sein und eine geschützte Vogelkolonie in den Dünen überfallen haben.

In ihrer Not nisten die Vögel auf den Flachdächern der Hochhäuser von Westerland und nutzen sie als Startrampe für den Abflug in die Friedrichstraße, die Einflugschneise zur Schnäppchenjagd an der Prome-

Nicht alle Touristen sind in Sylt willkommen, die knall-grünen *Reisenden Riesen im Wind*, Monumentalskulptur des Kieler Künstlers Martin Wolke und Blickfang am Bahnhof von Westerland, sind auf der Insel umstritten. Die Möwen schätzen die Kolosse als Start- und Lande-platz. Der Bahnhofsvorplatz zählt zu den bevorzugten Fanggründen.

Die große Flatter: Die Artenvielfalt der Schnäppchenjäger ist beeindruckend. Silbermöwe, Sturmmöwe, Mantelmöwe, Heringsmöwe und Lachmöwe wetteifern in ständiger Flugbereitschaft um die besten Bissen. Dass die Seeräuber gelegentlich auch Feriengäste angreifen, ist nur zu menschlich. Sie wurden zu oft gefüttert.

nade. Damit soll jetzt Schluss sein. Ein Verteidigungsbündnis gegen die Luftangriffe trifft sich zu regelmäßigen Krisensitzungen. Ein striktes Fütterungsverbot ist längst erlassen, was aber weder Möwen noch Amateurfotografen beeindruckt. Netze auf den Dächern sollen die Vögel vergrämen, Spikes Start und Landung erschweren, leere Nester werden abgeräumt, Abfallbehälter möwensicher gedeckt. Die Fremdenverkehrswirtschaft zieht mit. Die Crêperie an der Promenade hat eine Warntafel angebracht: „Bitte auf die Möwen achten." Ob Menschen und Möwen verstehen, was damit gemeint ist? Wie kann

man mit den Angreifern in Dialog treten? Die Website www.infoportal-nordfriesland.de weist darauf hin, dass es für die Möwe schwierig ist zu erkennen, ob der Mensch das Futter für sie bereithält oder ob er es selbst behalten möchte. „Wenn Sie also in der Nähe von Möwen etwas essen oder etwas Essbares in der Hand halten, zeigen Sie den Tieren, dass es nicht für sie bestimmt ist. Decken Sie es mit Hand oder Körper ab, damit die Möwen erkennen, dass sie keine Möglichkeit haben, an die Nahrung heranzukommen." Und Emma lacht sich schlapp.

Wellen, Watt und Wissenschaft
Die Wattenmeerstation
und das Erlebniszentrum Naturgewalten

von Hans-Dieter Reinke

Langsam setzt sich die Lok in Klanxbüll in Bewegung. Hoch oben sitzen wir im Doppeldeckerzug
Richtung Sylt und lassen Felder und Wiesen aus der
Beinahe-Vogelperspektive an uns vorüberziehen. In
der Ferne Windräder, die ihre Flügel in den hier stetig aus West wehenden Wind halten. Wie an einer
Perlenkette reihen sie sich, so weit das Auge reicht,
aneinander. Die Spannung steigt. Wann werden wir
endlich das Meer sehen?

Der Zug gleitet über die Deichkrone, und dann, fast
unbemerkt, sind wir schon drauf – auf dem Hindenburgdamm, der seit 1927 die Insel Sylt mit dem Festland verbindet. Doch die Enttäuschung ist groß, kein
tosendes weites Meer, sondern blaugrauer Schick
und grüne Wiesen bestimmen das Bild. Es ist Ebbe.
Die Nordsee hat sich für Stunden zurückgezogen.

Die An- und Abreise über
den Hindenburgdamm ist
immer wieder ein Erlebnis.
Sie gehört einfach zum Sylt-
Gefühl dazu.

Rechts: Ebbe im Watt. Die Nordsee hat sich für Stunden zurückgezogen, und vor den Deichen der Küste und um Inseln und Halligen breiten sich riesige Wattenflächen aus, die zu Wattwanderungen einladen. Man kann von Insel zu Insel gelangen, aber auch die Tierwelt in den Ebbepfützen, in den Prielen und im Wattboden entdecken. An der Festlandküste und auf den Inseln werden regelmäßig Wattführungen von sachkundigen, oft originellen Wattführern veranstaltet.

Folgende Doppelseite: Es ist Ebbe. Wie auf einem Holzschnitt zeichnen sich die Rippelmarken im Wattboden ab. Sie entstehen durch den Rhythmus der Gezeiten, durch den Wechsel zwischen Ebbe und Flut.

Vor den Deichen und hinter den Inseln erstrecken sich riesige Wattflächen. Man könnte jetzt Sylt auch zu Fuß erreichen. Denn rechts und links vom Hindenburgdamm, der über 8,1 Kilometer das Wattenmeer in zwei Teile teilt, hat sich über die Jahrzehnte Schlick abgelagert. Salzwiesen haben sich gebildet, die nur noch bei Hochwasser überflutet werden. Aber zu Wattwanderungen lädt dieser morastige Boden nicht ein.

Das Wattenmeer fliegt vorbei. Von hoch oben sehen wir die Buhnensysteme, die zum Schutz des Damms angelegt wurden. Sie beruhigen die zweimal täglich heranstürmende Flut und bewirken das Absetzen der Sedimente. So wächst der Wattboden in die Höhe, und schließlich bilden sich Salzwiesen, die schon über dem mittleren Hochwasser liegen. Am Ende steht dann die Gewinnung eines Koogs, wie zuletzt der riesige 1987 fertiggestellte Beltringharder Koog, der die einstige Insel Nordstrand mit dem Festland verbindet. Seit Juni 2009 ist die einmalige Landschaft zwischen Sylt und dem niederländischen Wattenmeer UNESCO-Weltnaturerbe. Sie steht nun in einer Reihe mit dem Grand Canyon im Südwesten der USA, dem Great Barrier Reef in Australien und der Serengeti in Afrika.

Das Wattenmeer, so wie wir es kennen, ist erdgeschichtlich gesehen sehr jung. Es entstand erst vor etwa 12 000 Jahren, als der Meeresspiegel nach dem Ende der letzten Eiszeit wieder anzusteigen begann und große Sturmfluten die damals noch unbefestigte Küstenlinie heimsuchten.

Durch den Wechsel der Gezeiten, durch Strömungen und Wellengang werden Düneninseln, Sandstrände

und Sandbänke auf- und abgebaut. Dabei wandern die Dünen von den Westufern der Nordfriesischen Inseln an die Ostufer, also in der vorherrschenden Windrichtung von West nach Ost. Eine Naturlandschaft des ewigen Wandels entsteht. Auf Sylt sind es vor allem die Lister Dünen, die nach wie vor auf Wanderschaft sind.

Durch Wind und Wellengang bildet sich am Wattboden ein verwirrendes Muster von Rippelmarken, das sich nach jeder Tide wieder verändert. Über die ausgedehnten Wattenflächen kann der Wanderer bei guter Wetterlage und unter sachkundiger Führung die Lebenswelt in den Sedimenten, Pfützen und Prielen, also den Wasserläufen im Watt, entdecken.

Gezeiten gibt es auf allen Welt- und Randmeeren dieser Erde. Ebbe und Flut werden von der Anziehungskraft des Mondes verursacht. Aber auch die Sonne ist daran nicht unbeteiligt. Alle 14 Tage, bei Neu- und Vollmond, stehen Sonne, Mond und Erde in einer Linie, die Sonne erhöht durch ihre zusätzliche Anziehungskraft die Fluthügel, es kommt zur sogenannten Springtide (die Flut läuft höher auf als normal). Bei Halbmond dagegen, wenn die Sonne von der Erde aus gesehen im rechten Winkel zum Mond steht, kommt es zur Nipptide (die Flut läuft niedriger auf als normal).

Diese amphibische Landschaft und der angrenzende Flachwasserbereich der Nordsee werden in List auf Sylt in der Wattenmeerstation wissenschaftlich erforscht und im direkt daneben gelegenen Erlebniszentrum Naturgewalten dem breiteren Publikum in einer umfangreichen Ausstellung dargebracht.

Die ungewöhnliche Wattenmeer-Lebewelt mit ihren Tausenden von Arten, von einzelligen Organismen bis hinauf zu den Kegelrobben, hat natürlich schon früh die Wissenschaft interessiert. Seit Mitte des 19. Jahrhunderts untersuchte der Wissenschaftler Karl August Möbius (1825–1908) die Austernbänke im Lister Watt und entwickelte aufgrund seiner Wattuntersuchungen unter anderem das heute noch gültige Konzept der Lebensgemeinschaft (Biozönose). Er gilt als einer der Gründerväter der wissenschaftlichen Ökologie, kann aber auch als Vordenker des heute so viel benutzten Begriffs der Nachhaltigkeit betrachtet werden, wenn er beispielsweise 1877 in einer Studie schreibt: „Wenn die Austernbänke dauernd ertragsfähig bleiben sollten, dürfte das jährliche Maß ihrer Befischung nicht nach den Ansprüchen der Konsumenten und nach der Höhe der Austernpreise bestimmt werden, sondern nach der Menge des Zuwachses."

Die erste Station wurde 1924 als Austernlabor in List gegründet, woraus 1937 die Wattenmeerstation entstand, die als Außenstelle der Biologischen Anstalt Helgoland zunächst bis 1949 auf dem Ellenbogen ihren Sitz hatte, aber dann an ihren heutigen Standort am Lister Hafen verlegt wurde. Seit 1998 gehört sie zum Alfred-Wegener-Institut für Polar- und Meeresforschung (AWI), das seine Zentrale in Bremerhaven hat.

Prof. Dr. Karen Wiltshire ist seit 2006 nicht nur Stellvertretende Direktorin des AWI, sondern auch Leiterin der Biologischen Anstalt Helgoland und der Wattenmeerstation auf Sylt. „Klimabedingte Veränderungen, Ozean-Versauerung, einwandernde oder vom

Karl August Möbius (1825–1908) war deutscher Zoologe und Ökologe. Er erforschte unter anderem die wechselseitige Abhängigkeit zwischen allen Lebewesen einer Austernbank und prägte dafür den Begriff der „Biozönose" (Lebensgemeinschaft).

Prof. Dr. Karen Wiltshire ist seit 2006 Leiterin der Biologischen Anstalt Helgoland und der Wattenmeerstation in List auf Sylt.

Menschen eingeschleppte Arten, Verschiebungen im Nahrungsnetz und ihre Auswirkungen sind einige der aktuell wichtigen übergeordneten Fragestellungen in List", so die Direktorin, die nach ihrer Promotion und Habilitation an der Universität Hamburg als Wissenschaftlerin im In- und Ausland tätig war. Neben den Langzeitdatenreihen physikalischer, chemischer und biologischer Parameter und den experimentellen Untersuchungen im Watt gelten als weitere wichtige Forschungsschwerpunkte: die Kartierung der Seegraswiesen, der Einfluss der Überdüngung der Meere, die experimentelle Kultivierung von Meeresalgen und Meeresschnecken, der Artenreichtum der Sandlückenfauna, Sedimenttransporte im Sylter Seegebiet sowie die Drift und die Wanderungen von Organismen. Wichtig ist zudem die Zusammenarbeit mit internationalen Partnern, um im weltweiten Vergleich mit anderen Flachwasserzonen die eigenen Befunde besser einordnen zu können – auch im Hinblick auf Prognosen zu Auswirkungen von Klimawandel und Meeresspiegelanstieg. Das Wissen und die Erfahrungen der Sylter Spezialisten sind in diesem Zusammenhang oft bedeutsam: „Beim weltweit zu beobachtenden Abschmelzen der Permafrostböden zum Beispiel entstehen zahlreiche Flachwassergebiete, und da ist die Sylter Expertise immer wieder gefragt", so Wiltshire.

Wichtig für die tägliche Arbeit ist das Forschungsschiff „MYA II" (benannt nach der im Watt lebenden Sandklaffmuschel), das seit August 2013 als Nachfolger des außer Dienst gestellten Forschungskatamarans „MYA" im Lister Hafen liegt. Das auf der Fassmer-Werft in Berne an der Weser gebaute 21,7 Meter

Wichtig für die tägliche Arbeit der Wattenmeerstation ist das Forschungsschiff „MYA II", das Platz für bis zu zwölf Wissenschaftler bietet.

lange Forschungsschiff besitzt eine moderne Abgasreinigungsanlage sowie eine – bei der oft starken Wattströmung wichtige – hohe Motorleistung und bietet bei der zwei Mann starken Besatzung Platz für zehn bis zwölf Wissenschaftler an drei Arbeitsplätzen. Der Tiefgang ist mit 1,5 Metern zwar doppelt so groß wie beim Vorgängerschiff, aber immer noch gut geeignet für die Sylter Flachwasserbereiche. Wenn es für die „Mya II" zu flach wird, kann das stets mitgeführte Aluminium-Arbeitsboot zu Wasser gelassen werden.

Stolz präsentiert Wiltshire die Ferrybox unter Deck des Forschungsschiffs, mit der, sobald das Schiff fährt, kontinuierlich Wasserdaten gemessen und mit den entsprechenden Standortdaten verknüpft werden. Solche Messeinheiten werden auf Forschungsschiffen, manchen Frachtschiffen und Fähren (daher der Name vom englischen Wort „ferry" für „Fähre") installiert, um kontinuierliche Messreihen zu bekommen. Zweimal die Woche fährt die chemisch-technische Assistentin Tatjana Romanova mit dem Forschungsschiff

Auch das marine Phyto-
plankton und seine Bedeu-
tung für das System der
Organismen im Meer ist
Gegenstand der Untersu-
chungen der Wattenmeerstation. Die mikroskopisch kleinen Algen bauen mithilfe
der Photosynthese ihre Kör-
persubstanz auf.

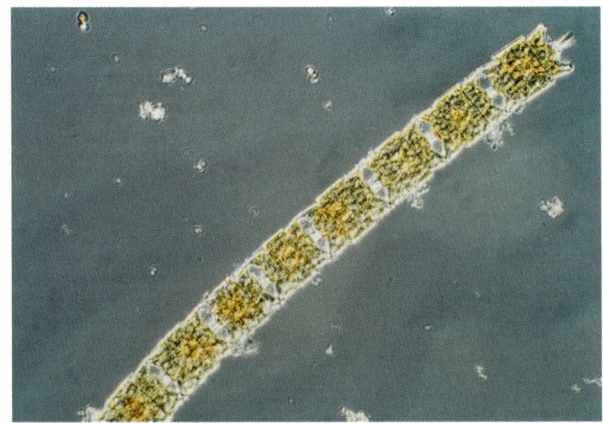

hinaus und nimmt Proben an zwei Stellen im Wattenmeer, an denen bereits seit 40 Jahren mit der gleichen
Schöpfmethode Wasserdaten wie Salzgehalt, Schweb-
stoffgehalt, Temperatur, pH-Wert, Nährstoffe und
pflanzliches Plankton erfasst und später ausgewertet
werden. Solche Datenreihen sind besonders wertvoll,
weil sie Langzeitveränderungen eines Lebensraums
dokumentieren und die Wissenschaftler auf die Spur
wichtiger Erkenntnisse führen können.
Dr. Johannes Rick ist der Planktonforscher am Institut: Er untersucht die treibende Welt des Meeres und
daraus vor allem die mikroskopischen Algen, das
sogenannte Phytoplankton. Der Beginn der Früh-
jahrsblüte, also die explosionsartige Vermehrung der
Algen, ist für das System der Organismen im Meer
und Watt von großer Bedeutung, da es die Basis des
gesamten Nahrungsnetzes darstellt. Anhand der
Langzeitdaten ließ sich nachweisen, dass die Wasser-
temperatur nicht der entscheidende Faktor für den
Beginn der Algenblüte im Frühjahr ist. Rick vermutet eher, dass die Zahl der Eiswinter ausschlaggebend

dafür ist, wann die Blüte beginnt und welche Arten besonders beteiligt sind. Eine Fortsetzung der kontinuierlichen, als Monitoring bezeichneten Datenerfassung hält Rick für sehr wichtig. Die Sylter Datenreihen ab 1975 und die noch älteren Helgoländer Datenreihen ab 1962 dürften die ältesten und längsten marinen Datenreihen überhaupt sein. „Und je länger die Datenreihen sind, umso wertvoller werden sie für die Wissenschaft", so Rick.

Die Wattenmeerstation bietet mit dem Forschungsschiff und dem im Mai 2008 – ergänzend zur bestehenden Station – neu errichteten Institutsgebäude hervorragende und moderne Forschungs- und Arbeitsmöglichkeiten sowohl für die fest angestellten Wissenschaftler als auch für Gastforscher, Examenskandidaten, Doktoranden und für Studentengruppen, die aus ganz Deutschland zu meeresbiologischen Kursen nach List anreisen.

Für Karen Wiltshire ist nicht nur die wissenschaftliche Forschung und Lehre sehr wichtig, sondern sie möchte auch, dass Sylter Bürger und die Öffentlichkeit wissen und verstehen, woran am Institut geforscht wird: „Da sind wir in der außerordentlich glücklichen Lage, dass wir mit dem nur wenige Schritte von der Wattenmeerstation entfernten Erlebniszentrum Naturgewalten Sylt ein Schaufenster für die Wissenschaft haben. Hier werden viele der Ergebnisse und Forschungsansätze der Wattenmeerstation, aber auch andere Forschungsarbeiten für jedermann verständlich und interessant präsentiert." In dem markanten Gebäude werden Vielfalt, Schönheit und Dynamik der Meere und Küsten anschaulich vermittelt.

Der Biologe Dr. Matthias Strasser ist Leiter des im Jahr 2009 in List eröffneten Erlebniszentrums Naturgewalten.

Der Leiter des Erlebniszentrums Naturgewalten Sylt, der Biologe Dr. Matthias Strasser, war viele Jahre als Wissenschaftler an der Wattenmeerstation tätig und zusammen mit seinem damaligen Chef Prof. Dr. Karsten Reise an der Entwicklung der ersten Ideen und Konzepte zur Realisierung des Naturgewalten-Erlebniszentrums beteiligt. Er betont: „Karsten Reise kann mit seinem langen Atem in den vielen Verhandlungen und seinen zahlreichen Kontakten als der Vater dieses ‚Museums zum Anfassen' bezeichnet werden, und er ist für uns auch heute noch ein wichtiger Berater." Wichtig seien die Gespräche mit der Gemeinde List, mit den Naturschutz- und Küstenschutzverbänden und anderen Interessensverbänden sowie natürlich mit den Geldgebern wie dem Land, der Europäischen Union, der Michael-Otto-Stiftung und anderen gewesen, um den 11,5 Millionen Euro teuren Bau zu realisieren.

Im Jahr 2009 war es so weit, und das Erlebniszentrum konnte eröffnet werden, sodass der List-Besucher seitdem, wenn er den Hafen erreicht, beim Blick in Richtung Norden sogleich den eigenwilligen Bau entdeckt: Die Hauptausstellungsebene ist in der Außenfassade in verschiedenen Blautönen gehalten, die bewegte Wellen und Naturgewalten symbolisieren, ein orangefarbener Kegelstumpf, der wie ein Schiffsschornstein oder ein angeschnittener Leuchtturm aussieht, überragt das Gebäude.

Durch das großzügig verglaste Erdgeschoss mit Laden, Gastronomie und Kassenbereich kann der Besucher auch bei steifer Brise entspannt auf die draußen im Wattenmeer sich austobenden Elemente schauen, um sich hernach in der Ausstellung ein-

gehender mit dem Themenkomplex der Naturgewalten auseinanderzusetzen.

Jeder Besucher bekommt einen Audio-Guide für den Gang durch die Ausstellung, die zusätzlich mit vielen Hörstationen und Erläuterungen das Geschehen hautnah erlebbar macht. „Unsere Stärke liegt im multimedialen Ansatz und in der Vielfalt der Themen", so Strasser, der sich mit seinem Konzept von vergleichbaren Ausstellungskonzepten abheben möchte.

Im Kopfhörer ist auch eine Kinderspur einstellbar, in der die Erläuterungen besonders für die kleinsten Besucher interessant präsentiert werden, die zudem durch spezielle Kinderstationen, Quizterminals und den Themenspielplatz im Außengelände bei Laune gehalten werden und so spielerisch vieles dazulernen können.

Schon von Weitem ist der eigenwillige Bau des Erlebniszentrums Naturgewalten am Hafen von List erkennbar. Die verschiedenen Blautöne der Außenfassade sollen bewegte Wellen symbolisieren.

Ein eindrucksvoll präpariertes Walross, das 1960 am Lister Ellenbogen erlegt wurde, begrüßt im Foyer des Erlebniszentrums Naturgewalten die Besucher.

Im Foyer wird der Besucher von einem eindrucksvollen präparierten Walross begrüßt, das 1960 vom damaligen Seehundjäger – er ist auf der Insel für die Bergung und notfalls Tötung kranker Tiere zuständig – am Lister Ellenbogen erlegt wurde und dann in eine Ausstellung nach Bremerhaven kam. Nachdem die Sylt-Historikerin Silke von Bremen bei ihren Recherchen auf den Verbleib des Tieres gestoßen war und die Ausstellungsleitung darauf hingewiesen hatte, versuchte Strasser gleich, das geschichtsträchtige Präparat wieder nach List zu holen. Mit Erfolg, wie man sehen kann.

Der Zentralbereich des Erlebniszentrums ist die 1500 Quadratmeter große Ausstellungsfläche im ersten Stock, wo man zunächst auf eine begehbare Karte der Insel Sylt stößt. Von hier kann man die drei

Räume mit den Ausstellungsschwerpunkten ansteu-
ern: „Klima, Wetter, Klimaforschung", „Leben mit
Naturgewalten" und „Kräfte der Nordsee".

Im ersten Teil über „Klima, Wetter, Klimaforschung"
geht es vor allem um die Grundlagen wie Klima im
Laufe der Erdgeschichte, Kontinentaldrift, Meeres-
ströme, Sturmgewalten, Treibhauseffekte, weltweiter,
menschengemachter Klimawandel und Meeresspiegelanstieg. An allen Exponaten und Stationen kann
sich der Besucher mit seinem Kopfhörer einstöpseln
und den Erläuterungen und Original-Wortbeiträgen
lauschen. Dazu gehören auch die Filmbeiträge, die
überwiegend eigens für das Erlebniszentrum angefertigt wurden. Klimaforschung wird vor allem
anhand der Polarforschungen des AWI gezeigt, zum
Beispiel die Entnahme von Eis-Bohrkernen in der
Antarktis, um das darin gespeicherte Klimaarchiv
vergangener Jahrtausende zu entschlüsseln. In Luft-
bläschen im Eis lässt sich der Gehalt von CO_2,
Methan und anderen Gasen bis zu 900 000 Jahre
zurück ermitteln.

Die Abteilung „Leben mit Naturgewalten" befasst
sich mit den Tieren und Pflanzen der Küste, die mit
Sturm, Brandung, Salz und Überflutungen zurecht-
kommen müssen. Die heimischen Meeressäuger,
Schweinswal, Kegelrobbe und Seehund, aber auch
die Pflanzen der Salzwiesen, die Organismen des
Watts, die zweimal am Tag Überflutung und Tro-
ckenfallen aushalten müssen, und die auch bei
Orkan fliegenden Vögel sind nur einige der interes-
santen Beispiele für organismische Anpassungen
gegenüber den Unbilden der Natur. Auch der
Mensch gehört zu den Naturgewalten und ist selbst

231

Kegelrobben gibt es erst seit Anfang der 1950er-Jahre an den deutschen Küsten. Sie wanderten vermutlich von den britischen Inseln ein. Ihre Kolonien können von Sylt aus mit Ausflugsschiffen besucht werden.

Die zur Familie der Robben gehörenden Seehunde sind an der Nordseeküste all-gegenwärtig. Vor Sylt sind sie vor allem am Lister Tief und auf der Sandbank Hörnum-knob anzutreffen.

Der Schweinswal gehört zu den kleinsten Walen. Er wird bis zu 1,85 Meter lang und taucht vor allem im Seege-biet vor Amrum und Sylt auf.

von ihnen betroffen. Er schleppt neue Arten ein, wie die Pazifische Auster auf Sylt, die zunächst aus kulinarischen Gründen in Zuchtanlagen gehalten wurde, aber alsbald mit ihren mobilen Larven das Watt zu besiedeln begann und inzwischen in starker Konkurrenz zu den heimischen Miesmuschelbänken des Sylter Watts steht. Die Austern profitieren vor allem von einer Erhöhung der Wassertemperaturen, etwa durch die globale Erwärmung der Erde, da sie sich dann besser fortpflanzen. Die Miesmuscheln haben dagegen mit der Erwärmung eher Probleme, weil ihre Hauptfeinde wie Krebse und Garnelen dann im Frühjahr schon sehr zahlreich im Watt auftreten.

Die Beobachtung der Einbringung von neuen Arten in die Küstengewässer und deren möglicher Auswirkungen ist auch eine der wichtigen Aufgaben der Wissenschaftler, die auf der Basis ihrer Untersuchungen dann Empfehlungen für die Politik, den Naturschutz, aber auch die menschliche Nutzung der Gewässer, wie durch die Fischerei, entwickeln.

Die dritte Abteilung über die „Kräfte der Nordsee" befasst sich mit den Gezeiten, der Entstehung Sylts, der Bedeutung des Sandes und der Dünen für die Insel, außerdem mit Sturmfluten und Küstenschutzmaßnahmen. Zeitzeugen berichten, wie sie die Sturmfluten an der heimischen Küste erlebt haben. Im Wind- und Wellenkanal können die Besucher an einem Pult selbst Wellen entstehen lassen, ihr Verhalten beobachten und sie sogar zusätzlich durch Sturmsimulationen verstärken.

Noch intensiver sind natürlich die vom Erlebniszentrum veranstalteten Führungen. „Wir bieten im Jahr etwa 800 an, vor allem outdoor", so Leiter Matthias Strasser. Neben Dorfrundgängen, Wattführungen und Exkursionen zu den Wanderdünen, den Austernbänken und zum Weststrand gibt es eine regelmäßig stattfindende Führung unter dem Titel „Meeresforschung für jedermann" in die benachbarte Wattenmeerstation.

Nach einem solchen Ausflug in die Wissenschaft vom Watt geht es wieder hinaus in die Sylter Natur. Wir schauen jetzt mit einem ganz anderen Blick auf die inzwischen trockengefallenen weiten Wattenmeerflächen. Vogelschwärme steigen in der Ferne auf, merkwürdige Geräusche dringen aus dem Schlick zu uns herüber, durchbrochen von dem schrillen Ruf des Säbelschnäblers, der sich bei der Nahrungsaufnahme gestört fühlt. Wir wissen viel mehr darüber, was sich dort über und unter dem Wattboden tut.

„Man sieht nur, was man weiß" – dieses Goethe-Zitat ist nach einem Besuch im Erlebniszentrum Naturgewalten Sylt wahrer denn je.

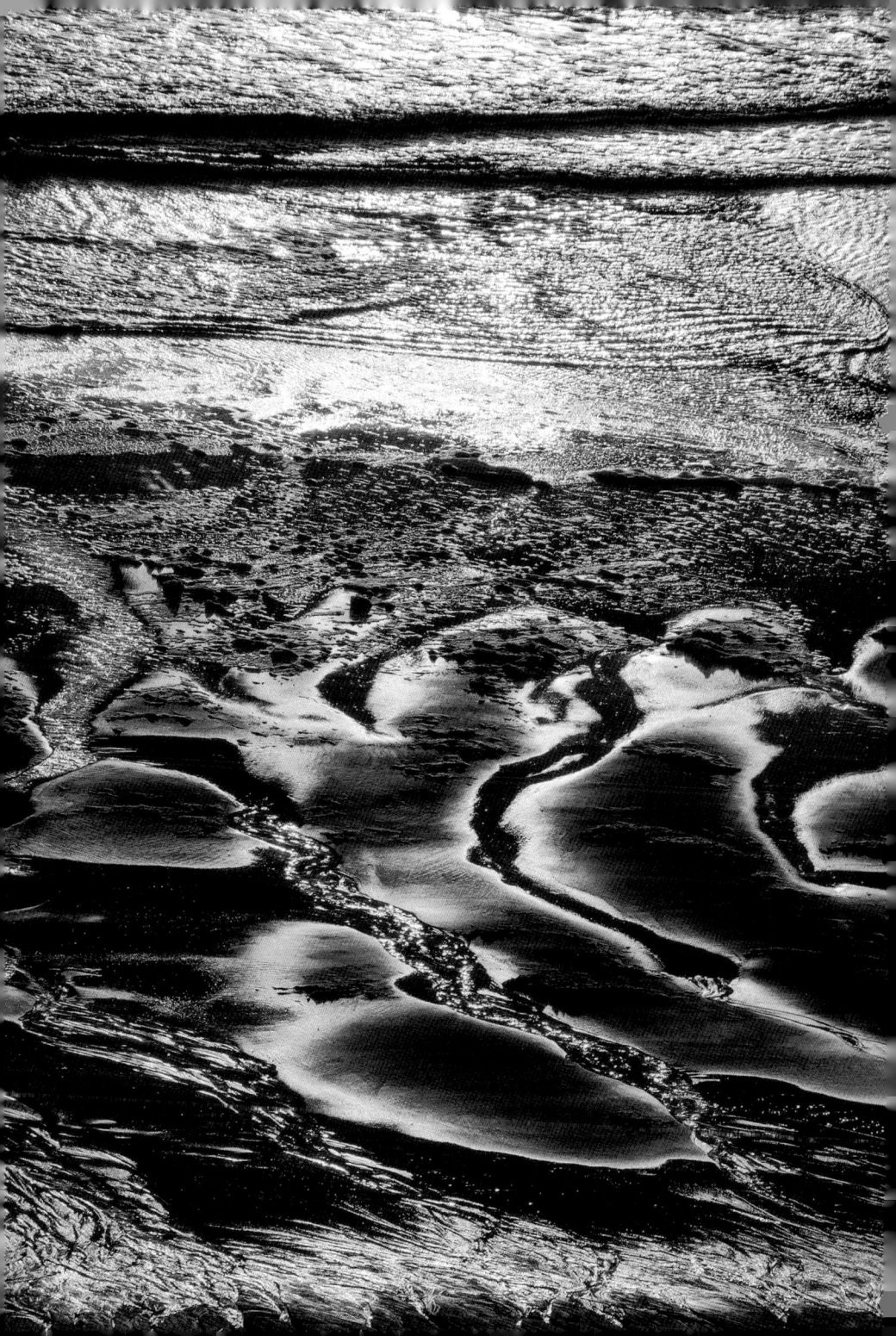

Der richtige Augenblick

Sylt-Krimi

von Gisa Pauly

Männliche Leiche vor dem Hafen von List! Der Kapitän der „Gret Palucca", der gerade mit einer Kindergruppe auf Piratenfahrt geht, sichtet kurz nach dem Auslaufen einen leblosen Körper, kann sich aber wegen der Anwesenheit der vielen Kinder nicht entschließen, die Leiche an Bord zu holen. Er alarmiert die Hafenpolizei von List, die sofort die Bergung veranlasst.

Ich lehnte mich auf die Kaimauer und blickte der Yacht entgegen, die auf den Hafen von List zuhielt. Eine große Yacht. Kein Zweifel, das war das Schiff, auf das ich wartete. Je näher es kam, desto sicherer wurde ich. Der Käpten stand am Ruder, an Deck jedoch war niemand zu erkennen. Wie nicht anders zu erwarten. Clara war keine Frau, die an der Reling stand und einem Ziel entgegenwinkte. Sie liebte den großen Auftritt, die Überraschung.

Am liebsten wäre ich wieder nach Hause gefahren und hätte mich dort versteckt, bis die Yacht wieder abgelegt und Clara es aufgegeben hatte, auf mich zu warten. Die Gefühle, die eigentlich überwunden sein sollten, befielen mich erneut: Angst, Widerwille, Zorn und dieses nagende Minderwertigkeitsgefühl.

Ich wickelte die dünne Strickjacke um meinen Oberkörper, als könnte sie mich wärmen. Es war kalt, trotz der Sonne, die an einem wolkenlosen Himmel stand. Der Wind fuhr mit spitzen Fingern vom Meer auf mich zu und zerzauste meine Haare, die ich an diesem Tag gern wohlfrisiert gehabt hätte. Ich fror, obwohl ich an das Sylter Klima gewöhnt war, und in mir drinnen war sowieso alles kalt. Ja, ich gestand mir ein, dass ich Angst hatte. Aber es musste sein. Ich musste wissen, warum Clara nach Sylt kam. Unbedingt! Meine Schwester tat nichts ohne einen guten Grund.

Langsam überquerte ich den großen Platz und ging bis zu dem gläsernen Kiosk, in dem die Tickets für die Fahrten der Adler-Schiffe zu den Seehundsbänken und den Halligen verkauft wurden. Dort lehnte ich mich an eine Ecke und sah zu, wie die Yacht in den Lister Hafen glitt, stolz, majestätisch. Ich bemerkte, dass viele auf sie aufmerksam wurden und sie bestaunten.

Es dauerte lange, bis die Yacht festgemacht hatte, und dann noch einmal eine ganze Weile, bis eine Frau neben dem Käpten auftauchte, die sich von ihm von Bord führen ließ. Clara Hansen, meine Schwester! Inzwischen zwanzig Jahre älter, zwanzig Kilo schwerer, aber nach wie vor eine Frau, die Aufsehen erregte. Ihr schneeweißes Leinenkleid war makellos, eine breite goldene Kette ihr einziger Schmuck, das Blond ihrer Haare natürlich nicht echt, und auch ihre vollen Lippen hatten offenbar eine Korrektur erhalten. Aber ihr Gang auf den weißen Highheels war noch genauso sicher wie früher. Als sie suchend nach oben blickte, stieß ich mich von dem Kiosk ab und trat einen Schritt vor.

Sie erkannte mich sofort, gab mir ein kurzes Zeichen und stieg die hölzerne Treppe vom Steg hoch, ohne einen der gaffenden Umstehenden zur Kenntnis zu nehmen. Dann stand sie vor mir. Imposant, attraktiv und groß, obwohl sie kleiner war als ich.

„Clara!" Ich brachte ihren Namen nur mühsam heraus.

Sie begrüßte mich wie jemanden, mit dem sie sich einmal jährlich auf Sylt traf. Ihr Händedruck war fest, ihr Blick blieb hinter der riesigen Sonnenbrille verborgen, auf bussi-bussi verzichtete sie zu meiner Erleichterung. „Schön, dich zu sehen, Gabi. Du hast dich kaum verändert." Sie wartete meine Antwort nicht ab, sondern wies zum Gourmetdeck. „Dort können wir reden. Der Champagner soll ganz gut sein."

Neues in Sachen Wasserleiche! Es handelt sich um einen etwa 50-jährigen Mann, auffällig gut gekleidet, in bester Verfassung. Sein Körper weist keine Verletzungen auf, womöglich ist er über Bord gegangen und ertrunken. Die Polizei beschäftigt sich intensiv mit der Identifizierung der Leiche.

Während ich Clara die Treppe hinauf folgte, sah ich nur auf ihre Schuhe, auch während sie nach einem Tisch verlangte, an dem es ruhig war und wir den Blick aufs Meer genießen konnten. Selbstverständlich bekam sie, was sie verlangte, wie sie immer alles bekommen hatte, was sie haben wollte.
Kurz darauf knallte an der Theke der Champagnerkorken. Clara betrachtete mich lächelnd, aber schweigend, und redete erst, als sie das Glas hob, um mir zuzuprosten. „Du lebst allein?"
Ich versuchte, nicht trotzig auszusehen, als ich den Kopf schüttelte. „Nein, ich wohne mit einem Mann zusammen."
Clara zog erstaunt die Brauen hoch. „Sieh einer an! Und ich dachte, nach Linus käme nichts mehr."
Ja, das hatte ich damals gesagt. Daran erinnerte ich mich genauso gut wie Clara. Nach einer solchen Liebe konnte kein Mann mehr gut genug sein.

Clara nahm nun endlich ihre Sonnenbrille ab und zeigte, dass ihre hellen Augen noch genauso klar waren wie früher. Mir wurde bewusst, dass ich selbst älter wirkte als sie, obwohl ich zwei Jahre jünger war. Bei mir hatte es eben immer nur für das Nötigste gereicht. Schicke Kleidung, Kosmetik, teurer Schmuck, das alles war für mich unerschwinglich gewesen. Clara lebte in einer Villa in Südfrankreich, besaß aber auch eine Stadtwohnung in Rom und eine Finca auf Mallorca. Ich dagegen wohnte noch immer in dem Haus unserer Eltern in Rantum und hielt mich mit dem Vermieten von Fremdenzimmern über Wasser.

Leise sagte ich: „Wir hätten bei mir Tee trinken können. Ich habe Friesentorte gebacken, die du früher so gern mochtest."

Aber meine Schwester winkte ab. „Ich weiß nicht, ob ich das Haus wiedersehen möchte. Eigentlich bin ich froh, dass ich es in den letzten Jahren vergessen konnte."

„Warum dann dieses Treffen?" Ich biss mir auf die Lippen. Eigentlich hatte ich keine Fragen stellen, sondern warten wollen, bis Clara verriet, was sie von mir wollte.

Sie leerte ihr Glas, ehe sie antwortete: „Weil wir Schwestern sind und es bedauerlich ist, dass wir so lange nichts voneinander gehört haben."

„Zwanzig Jahre!"

„Eine lange Zeit. Aber mach mir bitte keine Vorwürfe. Du warst es, die den Kontakt abgebrochen hat. Kurz vor meiner Hochzeit bist du verschwunden. Zwei Jahre warst du wie vom Erdboden verschluckt. Erst als Mutter krank wurde, bist du wieder aufgetaucht."

„Das weißt du also. Obwohl du zu unseren Eltern auch keinen Kontakt hattest."

„Das war ebenfalls nicht meine Entscheidung. Sie konnten mir nicht verzeihen, dass ich Linus geheiratet habe."

Mal wieder begnügte Clara sich mit der halben Wahrheit. Nein, nicht die Ehe mit Linus hatten unsere Eltern ihr vorgeworfen. Dass sie mir meinen Verlobten ausgespannt hatte, das war es gewesen, was sie ihr nicht verzeihen konnten. „Linus wollte mich heiraten." Ich wunderte mich, wie leidenschaftslos ich diesen Satz herausbrachte. „Mich hat er geliebt. Von dir hat er sich nur den Kopf verdrehen lassen."

Nachdem Claras Brief bei mir eingetroffen war, hatte ich hart daran gearbeitet, mich kühl und gelassen zu geben, nicht zu weinen und nicht wütend zu werden. Ich wollte unter allen Umständen warten, bis meine Schwester mit der Sprache herausrückte. Dass sie etwas im Schilde führte, war mir sofort klar gewesen. Aber was?

Jetzt grinste Clara wieder so wie früher, wenn sie ein Spiel gewonnen hatte, weil sie geschickt zu mogeln verstand. „Linus war ein Hauptgewinn, den wollte ich mir nicht entgehen lassen. Es war leicht, ihn davon zu überzeugen, dass ich besser zu ihm passte als du." Sie betrachtete mich mit dem Blick, für den ich mich gewappnet hatte: abschätzig, verächtlich und ein wenig mitleidig.

Ich musste tief durchatmen und meinen Oberkörper aufrichten, bevor ich sagte: „Ich hoffe, Linus ist glücklich mit dir geworden. Mir hat immer nur sein Glück am Herzen gelegen. Deswegen bin ich damals verschwunden. Ich wollte Linus nicht zeigen, dass er mich immer noch liebte und auf dich nur reingefallen war."

Ärgerlich biss ich mir auf die Lippen. Ich hatte mich beherrschen und keine Vorwürfe machen wollen. Nun war mir doch herausgerutscht, was ich eigentlich nicht hatte sagen wollen.

Aber Clara reagierte unerwartet ruhig und ging gar nicht auf meine Worte ein. Mit einem Mal wollte sie doch nach Rantum fahren und behauptete, sie würde unser Elternhaus gern wiedersehen. Warum? Sie hatte es sich einfach anders überlegt.

Doch ich ahnte, was wirklich dahintersteckte. Sie wollte den Mann sehen, mit dem ich zusammenlebte. Aber wenn Clara glaubte, dass sie mir auch den abspenstig machen konnte, dann hatte sie sich getäuscht. Ich war auf alles vorbereitet, er würde nicht im Hause sein. Nein, sie sollte nicht die Chance bekommen, ihren Charme spielen zu lassen und mit all dem zu prahlen, was mittlerweile an die Stelle jugendlicher Schönheit getreten war. Aber ich sagte nichts und tat so, als nähme ich ihr die nostalgischen Gefühle ab.

Wasserleiche von List identifiziert! Es handelt sich um den 49-jährigen Linus Orten, einen steinreichen Industriellen, dessen Yacht im Lister Hafen liegt. Seine Ehefrau hält sich auf der Insel auf, angeblich, um in Rantum ihre Schwester zu besuchen. Die Polizei geht davon aus, dass Orten einem Verbrechen zum Opfer fiel. Einzelheiten sind zurzeit noch nicht bekannt.

Clara sagte nichts zu meinem alten Auto, obwohl ich eine spöttische Bemerkung erwartet hatte, und sprach kein Wort, während wir aus List herausfuhren. Nur in Kampen überlegte sie lang und breit und mit prahlerischer Stimme, ob es sinnvoll sei, sich dort nach einer Villa umzusehen. „Für meine alten Tage! Und natürlich, um dir nahe zu sein, Gabi."

Nahm sie wirklich an, ich glaubte ihr? Oh nein, ich war auf der Hut. Wenn sie annahm, dass sie mich nach zwanzig Jahren mit vorgetäuschten Gefühlen übertölpeln könnte, dann war sie schief gewickelt. Nein, ich sagte kein Wort. Auch nicht, als Clara mit vielen bewegenden Worten ausmalte, wie schön es sein würde, wenn wir Schwestern unser Leben wieder teilen könnten. Das Schweigen fiel mir weiß Gott nicht leicht. Am liebsten hätte ich sie ganz offen der Lüge bezichtigt und ihr ins Gesicht gesagt, dass sie ein falsches Spiel mit mir spielte, wie sie es immer getan hatte, um zu ihrem Vorteil zu kommen. Aber ich nahm mir noch einmal vor, mich zurückzuhalten, bis ich wusste, was meine Schwester von mir wollte.

Clara schien zufrieden zu sein, als sie sah, wie heruntergekommen das kleine Haus war, in dem wir gemeinsam unsere Kindheit und Jugend verbracht hatten. Ich hatte nichts anderes erwartet. Sie sonnte sich in ihrem Reichtum, der in Wirklichkeit Linus' Reichtum war, und genoss es, auf ihre kleine Schwester hinabzublicken. Was plante sie? Warum lobte sie den Anbau mit den Gästezimmern und die neuen Möbel im Wohnzimmer, obwohl nichts von dem, was sie sah, ihr wirklich gefallen konnte? Ich blieb auf der Hut.

Clara folgte mir in die Küche, als ich ihr angeboten hatte, Tee zu kochen. Sie setzte sich an den Küchentisch, nachdem sie kontrolliert hatte, dass ihr weißes Leinenkleid den Kontakt mit der Tischkante und dem Stuhlkissen unbeschadet überstehen würde. Die Friesentorte wies sie mit Rücksicht auf ihre Figur zurück.

„Der Mann, mit dem du zusammenlebst, ist nicht zu Hause?"

„Er muss arbeiten."

Als der Tee aus den Tassen dampfte, als der Kandis knackte und die Sahne weiße Wölkchen bildete, beschloss ich, nun doch nach der Wahrheit zu rufen.

„Was willst du, Clara? Du bist nicht gekommen, weil du mich wiedersehen wolltest. Das kannst du mir nicht weismachen."

Clara sah sich gründlich und, wie mir schien, vielsagend um. „Du weißt von dem Ehevertrag, auf den Linus' Eltern bestanden haben?"

Oh ja, ich hatte meine Mutter davon reden hören, die sich Sorgen machte, dass die gute Partie, die ihre Älteste gemacht hatte, am Ende ein Reinfall werden könnte. Der Ehevertrag war knallhart gewesen. Wenn Clara ihren Mann betrügen sollte, würde er sich auf der Stelle von ihr trennen, und sie würde in diesem Fall genauso arm sein wie vorher. Linus würde dann zu nichts verpflichtet sein und nicht einmal Unterhalt zahlen müssen. Wenn er sie dagegen betrog und die Ehe daran zerbrach, würde seine Frau immerhin zwei Millionen Wiedergutmachung erhalten. Ganz anders hätte es ausgesehen, wenn Clara ihrem Mann mindestens ein Kind geschenkt hätte. Die Mutter seines Kindes, so stand es im Ehevertrag, hatte Anspruch auf die Hälfte seines Vermögens, wenn die Ehe zerbrechen sollte, egal warum. Und wenn der

Erbfall eintrat, würde sie zusammen mit ihrem Nachwuchs alles bekommen, was Linus besaß. Nur dann!

„Ich habe wirklich getan, was ich konnte", sagte Clara. „Aber ich bin einfach nicht schwanger geworden."

„Und jetzt?"

Meine Schwester holte tief Luft. „Es gibt einen anderen Mann in meinem Leben …" Ihre Worte versickerten in einem schweren Zögern und in der Frage, ob es richtig war, nach Sylt zurückgekehrt zu sein. Ich wartete auf eine Erklärung, warum sie das ausgerechnet mir anvertraute, aber Clara fuhr schon fort: „Ich möchte mich von Linus trennen. Die Ehe mit ihm war ein Fehler. Er hat dich nie vergessen und mir nie verzeihen können, dass ich eure Liebe zerstört habe. Linus wusste schon an unserem ersten Hochzeitstag, dass er besser dich geheiratet hätte."

In mir tobte ein Kampf zwischen Genugtuung und Verzweiflung. „Aber der Ehevertrag …"

Clara nickte. „Wenn ich Linus verlasse, stehe ich mit leeren Händen da."

Mit einem Mal spürte ich, dass die Stärke die Seiten wechselte. Nun fiel es mir leicht, darauf zu warten, dass Clara weitersprach.

„Ich muss dafür sorgen, dass Linus fremdgeht und ich es beweisen kann. Wenigstens die beiden Millionen sind mir dann sicher. Zu dem, was ich schon vorsichtshalber auf die Seite geschafft habe. Du bekommst fünfhunderttausend, Gabi, damit kannst du diesen Laden auf Vordermann bringen."

„Du meinst, ich soll …" Ich brachte es nicht fertig, den Satz zu Ende zu führen.

Clara nickte, ohne mich anzusehen. „Er wird sich

darauf einlassen, da bin ich sicher. Er liebt dich immer noch. Deswegen ist er auch unter Deck geblieben, als wir in List festmachten."

Mich durchfuhr ein heißer Schreck. „Linus ist hier auf Sylt? Auf dem Boot?"

Clara lächelte, wie sie immer gelächelt hatte, wenn sie mehr wusste als ich. „Er war ganz gerührt, als ich ihm gestanden habe, dass ich mich mit dir versöhnen will."

Ich konnte nur flüstern. „Er wollte mich nicht wiedersehen? Und sich nicht mit mir versöhnen?"

Clara wurde ernst. „Er fühlte sich der Begegnung nicht gewachsen. Er hat keine Hoffnung, dass du ihm verzeihen kannst. Aber ich bin sicher, dass er sich über deinen Besuch an Bord sehr freuen wird …"

Verdächtige festgenommen! Wie die Sylter Polizei bekanntgibt, ist die Ehefrau des vor List aus dem Wasser geborgenen Linus Orten verhaftet worden. Sie ist, wie unsere Reporter herausfanden, seit einer Weile mit einem bekannten Schauspieler liiert und hatte die Absicht, sich von ihrem Mann zu trennen. Ein Ehevertrag sieht jedoch vor, dass Clara Orten in diesem Fall keinen Anspruch auf das Vermögen ihres Mannes oder auf Unterhalt hat. Nach seinem Tod jedoch wäre sie eine reiche Frau gewesen. Die Polizei sieht darin ein starkes Motiv.

Clara schlug vor, einen Strandspaziergang zu machen. Währenddessen würde sie mir von dem Mann erzählen, für den sie Linus verlassen wollte, und ich sollte ihr anvertrauen, welchem Mann ich mein Herz geschenkt hatte. Aber über meine Lippen würde kein Wort kommen, so viel stand fest.

Sie betrachtete seine Jacke, die an der Garderobe hing, und die Turnschuhe, die darunter standen. „Alles sehr jugendlich", murmelte sie, als dächte sie bereits darüber nach, ob mir ein junger Liebhaber zustand, während sie selbst sich mit einem Mann in ihrem Alter begnügte. Es war also richtig gewesen, dass ich vorgesorgt hatte. Nein, Clara durfte Marius auf keinen Fall zu Gesicht bekommen.

Während wir barfuß, die Schuhe in den Händen, zur Wasserkante gingen, berichtete meine Schwester von dem bekannten Schauspieler, der gerade eine spektakuläre Scheidung hinter sich gebracht hatte. „Ich bin verrückt nach ihm", sagte Clara. „An seiner Seite werde ich über den roten Teppich gehen. Presseball, Bambi- und Oscar-Verleihung … Du wirst mich ständig in der Klatschpresse sehen."

Wasserleiche obduziert! Im Körper des reichen Industriellen Linus Orten fanden sich die Rückstände eines Gifts, das zu seinem sofortigen Tod geführt haben muss. Als er über Bord seiner Yacht geworfen wurde, war er vermutlich bereits tot. Die Ehefrau leugnet, mit dem Tod ihres Mannes etwas zu tun zu haben. Sie behauptet, sie habe ein Alibi und sei während der Tatzeit mit ihrer Schwester zusammen gewesen. Diese jedoch bestreitet Clara Ortens Angaben. Sie gibt bei der Polizei sogar an, sie habe von den Mordplänen ihrer Schwester erfahren, sie jedoch bedauerlicherweise nicht ernst genommen …

Wenn ich morgens aufwache, auf den Wind und auf das Schlagen der Brandung lausche, steigt jedes Mal ein Glück in mir auf, das ein wenig an jenes Glück erinnert, wie ich es empfand, als ich meine Verlobung mit Linus feierte. Aber mein heutiges Glück ist allumfassender, stärker, geradezu gewaltig. Ich weiß, dass es Marius ähnlich geht. Ich habe dafür gesorgt, dass er genauso hassen kann wie ich und deswegen das Glück ähnlich stark empfindet wie ich. Was bin ich froh, dass ich seinen jugendlichen Überschwang immer gezügelt und ihn zurückgehalten habe, wenn er das Schwert der Rache ziehen und drauflosstürmen wollte.

Die Nachricht über Claras Verurteilung kommt am frühen Morgen. Der lokale Radiosender von Sylt bringt die Meldung in aller Ausführlichkeit und geizt nicht mit hämischen Kommentaren. Ich höre mir jeden einzelnen an, bevor ich Marius in der Versandapotheke anrufe, in der er Waren verpackt, Medikamente verschickt und mit Giften hantieren darf, weil niemand sich so gut auskennt wie er.

„Da siehst du, mein Schatz, dass es klug ist zu warten. Der richtige Augenblick! Darauf kommt es an."

Ich höre Marius' Stimme an, dass er lächelt. Auch Linus' Stimme konnte lächeln, daran erinnere ich mich gern. „Du hast recht, Mama."

Ich starre aus dem Fenster, hinter dem sich die Dünen erheben, und spüre eine Kraft in mir, als könnte ich sie eigenhändig zur Seite schieben, damit ich demnächst den Blick aufs Meer genießen kann.

„Die Mutter seines Kindes erbt sein ganzes Vermögen." Ein Zitat, das ich tausendmal am Tag wiederholen könnte, so wunderbar hört es sich an. „Du solltest den Job bei der Versandapotheke heute noch kündigen, mein Junge."

Sylt im Winter

fotografiert von Siegfried Layda

Wolken rasen über den Himmel. In unzählige Blau-
und Grautöne ist die Landschaft gehüllt. Die Sonne
steht tief über dem Meer und leuchtet in mildem
Glanz. Es ist Winter auf Sylt. Mit jedem Atemzug
werden Salz und Jod in die Lunge gepustet. Wo
immer man sich aufhält. In den Ohren rauscht das
Meer. Am Ellenbogen werden die Wanderdünen
unsere Begleiter. Mächtige Sandwälle, die sich über
mehrere Hundert Meter erstrecken. Ist das noch
Deutschland oder schon die Sahara? Plötzlich sind es
zwei Meere, das Watt im Osten und die Wellen im
Westen. Die Klarheit des Lichts fällt uns auf, die tolle
Zeichnung der Wolken. Geografisch liegt Sylt auf der
gleichen Höhe wie der Südzipfel Alaskas. Der Golf-
strom macht die vergleichsweise milden Winter
möglich. Dennoch fühlen sich manchmal null Grad
wie minus zehn an, wenn es stürmt und Wolken-
berge über den Himmel ziehen. Entschädigt werden
Sie, wenn Sie dabei um die Hörnum-Odde wandern
oder Dünentäler durchqueren und den endlosen
Horizont vor Augen haben. Dann wird auch das
unwirtlichste Wetter zum faszinierenden Schauspiel
im Panoramaformat. Danach kehren die durchgefro-
renen Strandläufer irgendwo ein, erschöpft, aber
glücklich.

Sylter Luft ist wie Champagner. Vor allem im Winter, wenn dicke Eisschollen den Strand bedecken und sich vor der aufgewühlten See zu Ungetümen auftürmen.

Dann hat ein Strandspaziergang etwas Dramatisches, als würde man gegen einen Monster-Fön anlaufen.

Die Sylter Sahara im Winter: So könnte das Ende der Welt aussehen. Kein Mensch, nirgends.

Nur der Dreiklang aus Sand, Horizont und Eis.

Weihnachtsstimmung am Wenningstedter Dorfteich: Ein Ruhe-
pol mitten im Ort. Per Dekret ist
garantiert, dass die angrenzenden
Häuser mit Reet gedeckt werden,
um den dörflichen Charme zu
erhalten.

Zu den spektakulärsten Traditionen der Inselfriesen zählt das Biikebrennen am Abend des 21. Februar. Der uralte Brauch, mit dem in früheren Zeiten die Seefahrer verabschiedet wurden, wurde, nachdem er zeitweilig in Vergessenheit geraten war, durch den Sylter Chronisten Christian Peter Hansen reaktiviert.

Sylt
genießen

Näher und schöner kann man als
Gast auf Sylt der Westküste nicht
sein: Blick aus einer Rantumer
Hotel-Suite.

Wie Sylt schmeckt:
Kräuterreich. Salzig. Jodig. Nass
Ein Besuch bei Sterne-Koch
Johannes King

von Matthias M. Machan

Wie sich Sylt anfühlt, weiß jeder. Und dass die Insel mit ihrem unvergleichlichen Duft von Meersalz, Jod, Sauerstoff und Rosen euphorisierend wie Champagner wirken kann, ist auch kein Geheimnis. Aber wie Sylt schmeckt? Die Fische in den Restaurants kommen bis auf wenige Ausnahmen schon lange nicht mehr von hier, die Zahl der Lammgerichte auf den Speisekarten dürfte die Population auf der Insel auch bei Weitem übersteigen. Und dennoch: Sylt ist, neben Hamburg, das kulinarische Mekka des Nordens! Dafür steht nicht nur eine Dichte an Sterne-Köchen, wie sie deutschlandweit ihresgleichen sucht, sondern auch Austern und Salz aus List, Kartoffeln aus Morsum, Käse aus Keitum oder Galloway-Rind von den Tinnumer Wiesen. Für Top-Produkte sorgt die Insel mit ihren natürlichen Voraussetzungen selbst: Die hervorragende Wasserqualität vor Sylt lässt Austern und Miesmuscheln zu geschmacksintensiven Delikatessen heranwachsen. Und in Morsum wird eine Milch produziert, die uns an die köstliche Milch unserer Kindheit erinnert.

Sylt, du hast es besser. Ob Alexandro Pape vom „Fährhaus" in Munkmarsch, Jens Rittmeyer im „Kai 3" (Hotel „Budersand", Hörnum), Holger Bodendorf im „Landhaus Stricker" (Tinnum) oder Altmeister Jörg Müller in Westerland: Hier kommt die große kulinarische Oper mit Vielfalt und Klasse genauso auf den Tisch wie regionaltypische Gerichte mit nordfriesischer Bodenhaftung. Aber es muss nicht immer Kaviar sein. Auch das legere Strandbistro mit Bratkartoffeln und Sauerfleisch hat seinen Platz und seine Zeit. Klar, „Sansibar", Gosch und Wonnemeyer kennen alle. Wir lieben das „Sunset Beach" am Branden-

Morgens um sieben ist die Welt noch in Ordnung und ohne Hektik: In seinem großen Garten hinter dem Haus beginnt Johannes King den Tag mit der Ernte von Wild- und Wiesenkräutern.

burger Strand in Westerland. Immer hipp, immer leger, aber prima Weine. Etwas ruhiger geht es an der „Kap-Küste" an der Hörnum-Odde zu: Ob „Südkap" auf der Wattseite mit Blick auf Hafen, Amrum und Föhr oder „Kap Horn" an der Westküste – die Küche ist grundsolide, der Ausblick einzigartig.

Wie Sylt schmeckt? Die kulinarische DNA der Insel lässt sich vorzüglich in Rantum entschlüsseln: Johannes King, Gastgeber und 2-Sterne-Koch im „Söl'ring Hof", hat einen wunderbaren kulinarischen Strandspaziergang entlang der Sylter Wattseite für die Tellermitte kreiert. Sein „Lauwarmer Strandsalat" ist ein kulinarischer Fußabdruck, eine Hommage an Sylt. Ein Strandspaziergang, der hoch oben am Lister Königshafen beginnt, bei den Austern nahe der Blidselbucht Rast macht, um kurz vor dem Hafenbecken

in Hörnum ans Ziel zu kommen. „Reisebegleiter" sind Wattschnecken, Herz- und Blaumuscheln, die Sylter Royal Austern natürlich sowie Queller und Strandportulak. Lauter Geschenke aus dem Kreislauf der Natur: Wer beispielsweise den Bronzefenchel aus dem Garten von King für dieses Gericht mit Austernwasser püriert, kann auf jegliche andere Gewürze verzichten.

Die taufrischen Produkte des Strandsalats sind der Star auf dem Teller. Das unverfälschte Aroma dieses Gerichts: sehr jodig, „meerig" und irgendwie so nass, als würde man selbst bis zu den Knien im Wattenmeer stehen. Ausgerechnet ein Schwabe, ein „Bub" aus dem Schwarzwald, zeigt der Phalanx der Sylter Spitzenköche, wie die Insel wirklich schmeckt. Johannes Kings Mission: Sylt nicht nur schmackhaft zu

Bei Ebbe besonders schön zu sehen: Kurz vor List haben die Austernbänke im Watt ihre Heimat. Von hier kommt die Sylter Royal Auster.

Rechts: Die Natur sorgt für reichlich Kräuternachschub in Morsum. Sauerampfer, Wilde Möhre, Vogelmiere, Giersch und Gundermann adeln später im Restaurant die Gerichte. Nicht zu vergessen sind auch Gartenkräuter wie Bohnenkraut, Estragon und Zitronenverbene.

präsentieren, sondern höchst authentisch schmeckbar zu machen. Und das gelingt ihm Gang für Gang vortrefflich. Ob roh marinierte Meeräsche mit Herzmuscheln, gebratenes Makrelenfilet mit Queller oder gebratener Lammbauch, seine Gerichte sind Teil der Insel und des Nordens, sind ehrlich, regional und bodenständig im besten Sinne.

Ortstermin im Insel-Osten, in Morsum. Nur einen Steinwurf von Deich und Wattenmeer entfernt hat sich Johannes King seinen Traum vom „Kreislauf der Natur" erfüllt und einen uralten, auf einer Warft gelegenen kleinen Bauernhof mit altem Obstbaumbestand gepachtet. Sein Leben auf dem Land, Touristen verirren sich selbst in der Hochsaison selten in diese Ecke Sylts, schärft seine Sinne, vermittelt ihm ein Gefühl für die Ursprünglichkeit und das Qualitätsversprechen, das ihm die Natur mehr oder weniger frei Haus liefert.

King erzählt uns an diesem Apriltag, der sich schon ein wenig nach Sommer anfühlt, wie sehr er diesen Ort und diesen Hof, dessen Wurzeln bis ins 17. Jahrhundert reichen, als Rückzug vom hektischen Alltag und als Quelle der Inspiration schätzt. Hier liegt ihm (fast) alles zu Füßen: die Salzwiesen mit Queller, Strandwermut, Strandportulak und Salzmelde, die Wiesenkräuter mit unterschiedlichsten Sauerampfer-Arten, Wilder Möhre, Vogelmiere, Giersch und Gundermann sowie die ungezählten Gartenkräuter wie Bohnenkraut, Estragon und Zitronenverbene.

Und natürlich Gemüse. Die Zeit des Wintergemüses mit Petersilienwurzel, roter und gelber Bete neigt sich dem Ende zu, beim Grünkohl, der uns im Bauerngarten jetzt beinahe wie eine Skuptur erscheint,

beginnt die Zeit der zweiten Ernte, während sich der Spargel so langsam ans Licht bemüht. Ferner Morcheln, Radieschen, Brokkoli und Zucchini, Äpfel, Birnen und Quitten. Nichts wird weggeworfen, alles wird verwertet – und sei es, dass die Äpfel zu einem hochprozentigen Apfelbrand verwertet werden.

Beim Gemüse und den Kräutern ist King beinahe autark – auch dank Maria Schierz, die sich mit beinahe enzyklopädischem Wissen um all die Kräuter-, Obst- und Gemüsesorten im Morsumer Refugium kümmert, und Frühstückschef Bernd Vorstadt, den wir früh morgens auf den Marschwiesen zwischen Archsum und Keitum zufällig bei der „Ernte" von Vogelmiere und Wilder Möhre treffen. Anderes kommt aus dem „feinheimischen Genussnetzwerk". Oder vom eigenen Boot. „Traumfänger" heißt es und sorgt für den fangfrischen Nachschub an Meerforellen, Makrelen und Wolfsbarsch im „Söl'ring Hof". „Auf unserer Karte gibt es keinen Fisch, der südlich von Hamburg schwimmt", unterstreicht King seine Philosophie der Regionalität und – das gilt auch beim Fisch – der Saisonalität. Denn warum Maischolle im Wonnemonat anbieten, wenn die Qualität im Oktober viel besser, das Fleisch viel fester ist, was übrigens auch für die Krabben gilt … Jetzt im Frühsommer kommt die Hoch-Zeit für Matjes und Meeräschen; Knurrhahn und Wittling folgen ab dem Spätsommer. „Ich brauche das beste Produkt in seiner Hochsaison, nur dann kann ich selektieren", bringt uns King beim Gang über die Wattwiesen seinen Qualitätsanspruch näher. Da macht er keine Kompromisse, weder beim Gemüse noch beim Fisch.

King liebt die frische, steife Brise um seinen Zwei-Tage-Bart, den salzigen Geschmack der Brandung auf der Zunge. Fotos zeigen ihn auf dem „Traumfänger" mit ausgeworfener Angel in rauer See. Ist aber eigentlich gar nicht so sein Ding. Der Seegang macht ihm immer noch ein wenig zu schaffen. Kein Wunder, wer mit Spätzle und Maultaschen im Schatten der Schwarzwald-Tannen aufwächst, steht nicht im Verdacht, ein Seefahrer-Gen zu besitzen. Macht aber nichts, denn Freund Rainer Gottberg segelt für ihn durch Wellen und Wogen; zudem sorgen auch die Stellnetze der Freiwilligen Feuerwehr in Rantum für den frischen Fische-Nachschub.

Bei Johannes King kommt kein Fisch auf den Teller, der südlich von Hamburg schwimmt.

Was einst auf dem Land Normalität war – und für Johannes King im Schwarzwald-Alltag seiner Jugend auf dem Hof der Eltern prägend –, nämlich handwerklich produzierte Lebensmittel zu verzehren, das ist heute fast eine Rarität. Ausgerechnet auf Sylt, mit seinen auf den ersten Blick eher kargen kulinarischen Bodenschätzen, wurden wir fündig. Und wie! Johannes King ist ein Glücksfall für das kulinarische Erbe der Insel.

Auf leichte Art den (Sylter) Sommer schmecken

Rezepte von Johannes King

Ein Fest für Auge und Gaumen: Das Sommer-Menü von Sterne-Koch Johannes King („Söl'ring Hof") und seinem Küchenchef Jan-Philipp Berner besticht durch seine frischen Farben und die intensiven natürlichen Aromen in der Tellermitte. Das Schönste ist: Die Zutaten sind auch auf Sylt zu bekommen. Frischer geht es kaum. Gleich der Auftakt ist eine Hommage an den Frühsommer. Alle Rezepturen sind für sechs Personen ausgelegt und für Laien beschrieben.

Gekocht wird in der offenen Küche des Sterne-Restaurants „Söl'ring Hof". Mehr Transparenz für die Gäste geht kaum.

Zutaten:

Erbsencreme:
500 g frische Erbsen (ohne Schote)
1 Minzezweig

Süß-Sauer-Fond:
250 ml Wasser, 75 ml Essig
50 g Zucker, 10 g Salz,
Gewürze: Koriandersaat,
weißer Pfeffer, Senfsaat,
Kerbel- und Petersilienstiele
10 Radieschen

4 Karotten
1 geringelte Rote Bete
160 g Frischkäse
20 ml Zitronen-Öl
Gartenkräuter wie Kerbel,
Estragon und Blattpetersilie

Junge Triebe
Frischkäse. Radieschen. Gartenkräuter

Zubereitung:

Erbsencreme

Ausgepalte Erbsen in wenig kochendes, gesalzenes Wasser geben, 2 Minuten köcheln. Erbsen durch ein Sieb gießen, das Kochwasser aufbewahren. Erbsen in Eiswasser abschrecken, einige zum Anrichten zurückbehalten, die übrigen mit den Minzblättern und etwas erkaltetem Erbsen-Kochwasser pürieren. Die Masse durch ein feines Sieb streichen und abschmecken.

Süß-Sauer-Fond zum Einlegen

Wasser, Essig, Zucker und Salz mit Gewürzen aufkochen, anschließend 6 geviertelte Radieschen garen und auskühlen lassen.

Karotten

Karotten schälen, mit einem Spargelschäler in dünne, längliche Streifen schneiden, kurz in kochendem, stark gesalzenem Wasser garen, in Eiswasser abschrecken und jeweils zu einer Rolle formen.

Anrichten:
Die Erbsencreme auf einen Teller streichen. Darauf die Karottenröllchen verteilen und mit Frischkäse füllen. Die eingelegten Radieschen aus dem Süß-Sauer-Fond nehmen und anrichten. Diesen Fond mit Zitronen-Öl mixen und als Marinade verwenden. Die geschälte Rote Bete und die übrigen Radieschen hobeln, mit der Süß-Sauer-Marinade beträufeln. Zuletzt die frischen Kräuter und einzelne Erbsen auf dem Teller verteilen.

Zutaten:

½ Milchlammrücken am
Knochen (ca. 1,9 kg)
3 Haushaltszwiebeln
Sonnenblumenöl, Salz,
Pfeffer
4 Zweige Bohnenkraut
1 Lorbeerblatt
12 breite Bohnen
250 g Buschbohnen
etwas Butter
1 Zweig Fenchel

Milchlamm mit Zwiebelallerlei und Bohnen

Zubereitung:

Lammrücken auslösen (von Mittelknochen und Sehnen befreien). Knochen im Ofen leicht anrösten und mit 250 ml Wasser aufgießen. Diesen Fond 20 Minuten köcheln lassen, anschließend abgießen und beiseite stellen (alternativ: gekaufter Lammfond aus dem Glas). Lammrücken bei 140° C im Ofen etwa 10 Minuten garen, danach an einem warmen Ort noch einmal 10 Minuten ruhen lassen.

Haushaltszwiebeln schälen und halbieren. Die angeschnittene Zwiebelseite in einer Pfanne mit ein wenig Sonnenblumenöl dunkelbraun rösten. Mit Salz, Pfeffer, Bohnenkraut und Lorbeerblatt würzen, mit Lammfond ablöschen. Zwiebeln garen und herausnehmen, anschließend den Fond für die Sauce reduzieren. Bohnen in leicht gesalzenem Wasser bissfest garen. Haushaltszwiebeln in Stücke zupfen, kurz sautieren (in Pfanne mit hohem Rand mit hoher Temperatur anbraten). Bohnen mit einem Stich Butter und geschnittenem Bohnenkraut anschwitzen.

Anrichten:

Bohnen auf dem Teller arrangieren, Haushaltszwiebeln beifügen. Fleisch tranchieren, Fenchelkraut zufügen und Soße angießen.

Zutaten:

Estragon mit Quark und weißer Schokolade

Quarkmousse:
400 ml Schlagsahne
5 Eigelb
320 g Zucker
500 g Quark
½ Vanilleschote
4 Blatt Gelatine
90 g weiße Valrhona-Schokolade (Ivoire)

Estragongranité und -gelee:
320 g Wasser
50 g Zuckerstärke
90 g Zucker
35 ml Limettensaft
20 g blanchierter Spinat
25 g frischer Estragon
1 Blatt Gelatine

Zubereitung:

Quarkmousse

Sahne steif schlagen. Eigelb mit Zucker und 50 g Quark sowie dem Vanille-Abrieb bei geringer Hitzezufuhr im Wasserbad erwärmen und cremig rühren. In der heißen Masse die eingeweichte Gelatine auflösen, anschließend auf Zimmertemperatur abkühlen. Zügig die geschmolzene, weiße Schokolade und den restlichen Quark unterheben. Zuletzt die geschlagene Sahne hinzufügen, dann direkt in tiefe Teller abfüllen.

Estragongranité und -gelee

Wasser, Zuckerstärke, Zucker, Limettensaft und Spinat zusammen aufkochen. Anschließend auf Eis kalt rühren und dann mit Estragon fein mixen. 100 ml abnehmen und leicht erwärmen. 1 Blatt eingeweichte Gelatine zufügen und gleichmäßig über die erkaltete Mousse gießen. Die Granitémasse passieren und einfrieren. Sobald die Masse gefroren ist, kann sie mit einer Gabel zu einem Granité gebrochen werden.

Anrichten:

Die Teller mit einigen Blättern Estragon dekorieren und zwei Löffel des Granités kurz vor dem Servieren zerbröselt hinzufügen.

Sylt
66 Tipps

Im Folgenden geben wir Ihnen einige ganz persönliche Tipps für einen entspannten und erholsamen Aufenthalt auf der Insel. Die von uns empfohlenen Orte und Adressen sind nach bestem Wissen und Gewissen ausgesucht, und wir erheben keinerlei Anspruch auf Vollständigkeit. Wir können auch keine Garantie dafür übernehmen, dass es dort immer so ist, wie wir es erlebt und empfunden haben. Also: Alles ohne Gewähr.

Sommer, Sonne, Brandung – das ist Erholung pur am Weststrand von Sylt.

Von Baden bis Wellenreiten

Baden im Meer

Ein Bad in der Nordseebrandung ist herrlich und
noch dazu gesund – allerdings nur, wenn man an
den bewachten Strandabschnitten bleibt, wo erfahrene Rettungsschwimmer für die Sicherheit sorgen.
Ein roter Warnball am Strand bedeutet, dass nur
unter Aufsicht gebadet werden darf, bei zwei roten
Bällen ist Baden verboten. Am Nordende (Lister
Ellenbogen) und am Südende (Hörnum-Odde) der
Insel ist Baden wegen der gefährlichen Strömungsverhältnisse lebensgefährlich und generell verboten.
Ebenso ist das Baden im Bereich von Buhnen gefährlich. Buhnen sind Küstenschutzbauwerke, die als
senkrecht vom Ufer ins Wasser gezogene Wände aus
Holz, Stahl oder Stahlbeton die küstenparallele Strömung vom Strand fernhalten oder bremsen. Reste
dieser bereits seit 1869 verwendeten Küstenschutzanlagen ragen an vielen Stellen zum Teil messerscharf
aus dem Wasser oder sind – besonders tückisch – bei
Flut knapp unter der Wasseroberfläche versteckt.
Daher unbedingt auf die entsprechenden Warnschilder am Strand achten!

Biikebrennen

Am Vorabend des Petritags – am 21. Februar – brennen auf den Inseln Sylt, Amrum und Föhr, auf den
Halligen und auf weiten Teilen des nordfriesischen
Festlandes jährlich riesige Holz- und Reisighaufen.
Dieses „Biikebrennen" – kurz Biike – ist ein friesisches Volksfest, dessen Ursprung auf heidnische

Bräuche zurückgeht. Im Laufe des 17. Jahrhunderts verknüpfte es sich mit einem Brauch aus dem Bereich der Berufe und Stände. Damals wurde es zum Abschiedsfest für Männer, die Ende Februar/Anfang März für ein halbes Jahr auf Walfang gingen. Die Flammen der Biike sollen aber auch den Winter vertreiben – ihn „verbrennen". Die kalte Jahreszeit wird traditionell durch eine Teertonne symbolisiert, die über dem Feuer thront. Vor dem Entzünden der Biike werden Reden gehalten, die Bezug auf Geschichte oder Tagespolitik nehmen. Im Anschluss an das Feuer geht man gemeinsam zum Grünkohlessen. Während früher die Konfirmanden für das Einsammeln und spätere Entzünden der Biike zuständig waren, erledigen das heute die örtlichen Feuerwehren.

FKK – baden und sonnen im „Lichtkleid"

Seit fast 100 Jahren wird auf Sylt nackt gebadet. Pioniere der Freikörperkultur (FKK) waren um 1920 die „jugendbewegten" Gäste der heutigen Akademie am Meer in Klappholttal nördlich von Kampen. Mittlerweile sind an fast allen Sylter Stränden FKK-Zonen ausgewiesen. Legendär wurde in den 1960er-Jahren die „Buhne 16" in Kampen. Heute beklagen die FKK-Fans, an den ausgewiesenen Stränden langsam zur Minderheit zu werden.

FKK-Strände auf Sylt
List: Ellenbogen (mit Strandsauna)
Kampen: „Buhne 16"
Wenningstedt: im nördlichen Bereich (mit Strandsauna)
Westerland: Nordseeklinik Süd und Campingplatz bis „Oase zur Sonne"
Rantum: „Sansibar" und „Samoa" (mit Strandsauna)
Hörnum: südlich des Textilstrandes, Übergang Restaurant „Kap Horn" (mit Strandsauna)

www.gc-budersand.de
www.sylt-golf.de

Golf in den Dünen

Mit vier 18-Loch-Plätzen ist Sylt die deutsche Golf-Insel. Wer bereits die Platzreife hat, kommt um eine Runde Dünen-Golf nicht herum. Zum Beispiel auf dem Links-Course des GC Budersand in Hörnum oder beim Marine-Golf-Club am Flughafen.

Galerie Herold
Braderuper Weg 4
25999 Kampen/Sylt
04651 45135

Bahnhofstraße 4
25980 Keitum/Sylt
04651 4465550
www.galerie-herold.de

Kunst in Kampen und Keitum

Seit mehr als 35 Jahren präsentiert die Galerie Herold in Kampen, Keitum und Hamburg Werke der Hamburgischen Sezession, des Hamburgischen Künstlerclubs sowie der Brücke-Maler und namhafter Zeitgenossen. Die Liste der angebotenen Werke reicht von Ernst Barlach, Emil Nolde, Erich Heckel bis zu Rainer Fetting und Friedel Anderson.

Meeresleuchten

Bei einem Nachtspaziergang am Weststrand bei Windstille nach einem heißen, schwülen Sommertag können Sie es (vielleicht) erleben: Das Wasser schimmert fahlblau, wenn man über den Spülsaum streicht, blinken kleine Punkte im Sand, auch die Fußabdrücke schimmern nach. Wenn man versucht, das Geglitzer aufzuheben, verschwindet es zwischen den Fingern. Geisterstunde – oder ein Naturphänomen namens Biolumineszenz. An Land kennt man es von den Glühwürmchen, in der Nordsee sind es Einzeller aus dem Plankton, die sich im warmen Wasser vermehren und durch die Strömung zusammengetrieben werden. Bei mechanischer Reizung wie Wellenschlag oder Berührung leuchten sie, indem sie das Enzym Luziferase freisetzen, das die Substanz Luziferin abbaut. Und das klingt nun wieder ganz schön geisterhaft …

Muscheln und Bernstein sammeln

Der Entspannungs- und Entschleunigungstipp für Gestresste: Beim Spaziergang am Flutsaum den Blick auf den Boden richten und einsammeln, was einem besonders gut gefällt. Ob Herzmuscheln, Austernschalen, Pelikanfüße oder bunte Steine – als Deko auf der heimischen Festtafel oder Fensterbank weckt das Strandgut das ganze Jahr über Urlaubserinnerungen. Glückspilzen geht auch mal ein kleines Stück

Bernstein ins Netz. Wenn es ein paar Tage aus westlicher oder südwestlicher Richtung gestürmt hat und die See sich danach wieder beruhigt, wird das fossile Harz angeschwemmt (Tipp: am Ellenbogen und an frisch aufgespülten Strandabschnitten suchen). Sammelbeutel nicht vergessen!

Dünenstraße 1
25992 List/Sylt
04651 870845

C.-P.-Hansen-Allee 10a
25980 Keitum/Sylt
04651 31707
www.mylin.de

Mylin Interieurs

Erste Adresse für Architekten, Designer, Hausbesitzer und alle Leute mit Geschmack, die ein Faible für antike und handgefertigte Produkte und Unikate mit hoher Qualität haben. Hier finden Sie von antiken Kachelöfen, Kaminen, Wandfliesen und handgefertigten Böden über Sofas, Bänke, Klapptische, Lampen, Standuhren etc. alles, was der Liebhaber friesischer Wohnkultur schätzt. Verkaufsräume gibt es in List und in Keitum auf Sylt, in Wyk auf Föhr sowie auf dem Festland in Risum-Lindholm (mit großer Ausstellungshalle).

Arche Wattenmeer
Rantumer Straße 33
25997 Hörnum/Sylt
04651 881093
www.schutzstation-
wattenmeer.de

Nachtwanderung

Auch ohne Meeresleuchten ein Erlebnis: Nachts am Strand und an den Dünen von Sylt entlangwandern, Meer und Sterne beobachten und den Vogelstimmen lauschen. Am besten mit kundiger Führung der Schutzstation Wattenmeer in Hörnum.

Syltair
Flughafen Terminal 2
Zum Fliegerhorst 101
25980 Tinnum/Sylt
04651 7877
www.syltair.eu

Rundflug über die Inseln und Halligen

Über den Wolken … sollte man bei einem Sylt-Rundflug besser nicht schweben. Bei klarer Sicht entfaltet sich unter einem die einzigartige Landschaft der Inseln und Halligen inmitten des glitzernden Wattenmeers. Geflogen (15 bis 45 Minuten) wird mit Syltair.

Schokolade vom Feinsten

Seit Generationen betreiben die Langmaacks eine Bäckerei in Westerland. Sie stehen für allerfeinste Konditorkunst. 1966 kommt das „Café Wien" hinzu, eine stilistische Sensation im Westerland der 1960er-Jahre: samtbezogene Stühle, blattvergoldete Wandverkleidungen. 1996 übernimmt die Tochter den elterlichen Betrieb, baut einen Wintergarten an und eröffnet 2002 die „Schokoladenmanufaktur", auch „Der Kleine Laden" genannt. 2006 kommt großzügige moderne Produkthaushalle mit hellem Verkaufsraum und Bistro in Tinnum hinzu. Das Spektrum reicht von Friesenkeksen (nur mit Butter) bis zur köstlichen Trüffel-Tarte. Über 300 Sorten Schokolade und mehr als 100 verschiedene Pralinen umfasst heute das Sortiment.

Café Wien
Strandstraße 13
25980 Westerland/Sylt
04651 5335
www.cafe-wien-sylt.de

Schokoladenmanufaktur
Zum Fliegerhorst 15
25980 Tinnum/Sylt
www.sylter-
schokoladenmanufaktur.de

Seehunde und anderes Meeresgetier schauen

Von Mai bis Oktober fahren die „Adler"-Schiffe täglich zu den Ruheplätzen der Seehunde und Kegelrobben. Unterwegs werden per Schleppnetz Meeresbewohner an Bord geholt. Mutige dürfen Schollen, Seesterne oder Einsiedlerkrebse vorsichtig anfassen, ehe diese ins Meer zurückkehren. Die Touren starten ab List mit den urigen Kuttern „Gret Palucca" (1941 gebaut) und „Rosa Paluka" (in den 1960er-Jahren vom Stapel gelaufen) – benannt nach der berühmten Dresdner Ausdruckstänzerin und deren Mutter – sowie ab Hörnum mit der MS „Adler VI".

Fahrpläne und Preise:
www.adler-schiffe.de

Sansibar
Hörnumer Straße 80
25980 Rantum/Sylt
04651 964646
www.sansibar.de

Samoa
Hörnumer Straße 70
25980 Rantum/Sylt
04651 5579
www.samoa-seepferdchen.de

Wonnemeyer
Am Strand 1
25996 Wenningstedt/Sylt
04651 45299
www.wonnemeyer.de

Weststrandhalle
Ellenbogen 3
25992 List/Sylt
04651 870266
www.weststrandhalle.de

Lister Austernperle
Mannemorsumtal 33c
25992 List/Sylt
04651 2999396

Sylt Strandkörbe GmbH
Hafenstraße 10
25980 Rantum/Sylt
04651 22843
www.sylt-strandkorbe.de

Infos und Öffnungszeiten:
www.sylt.de/meer/am-strand

Strandbars

„Sansibar" und „Samoa" südlich von Rantum, Wonnemeyer in Wenningstedt, Weststrandhalle und „Lister Austernperle" auf der Wattseite in List. Ja, auch im Winter, wenn es draußen stürmt und der Blanke Hans (das Meer) versucht, sich wieder ein Stück von der Insel zu holen.

Strandkorb

Unbedingt einen mieten. Das Strandmöbel wurde zwar nicht auf Sylt, sondern vom Rostocker Wilhelm Bartelmann 1882 erfunden, aber es gehört – jedenfalls in der wärmeren Jahreszeit – zu einem erholsamen Urlaub auf Sylt wie der Wind zum Weststrand. Zudem gelten Strandkörbe als Kultobjekte deutscher Gemütlichkeit. Sie finden als Sonnenschutz, als Zuflucht bei Wind und Regen und als Platz zum Entspannen Verwendung. 12 000 davon bevölkern von Nord nach Süd die Insel. Und einige Tausend verlassen sie auch, um eine neue Heimat in Gärten und auf großen Terrassen zu finden, denn auf Sylt gibt es eine StrandkorbManufaktur, in der Tischler, Korbflechter und Polsterer diese Allrounder bauen – mit Sitz in Rantum am Hafen und großem Ausstellungsraum (wo man übrigens auch gebrauchte Strandkörbe kaufen kann).

Strandsaunen

Wer gerne schwitzt, ohne sich zu bewegen, der sollte eine der Sylter Strandsaunen aufsuchen. Am urigsten und abgelegensten sind die in List oder in Hörnum.

Sylt-Lektüre

Für einen schönen Tag auf der Insel kommt es auch auf die richtige Sylt-Lektüre an. Besonders empfehlenswert sind das Reiselesebuch *Sylt* von Freddy Langer sowie von Hermann Schreiber *Wo Sylt am schönsten ist*. Und natürlich die „Bibel" über Sylt: *Das große Sylt-Buch* herausgegeben von Hans Jessel (alle im Ellert & Richter Verlag). Nach dem Lesen weiß man garantiert mehr über die Insel mit all ihren Facetten und Besonderheiten.

Waldspaziergang

Wer an stürmischen Tagen etwas Windschutz sucht, kann sogar auf Sylt einen – wenn auch kleinen – Waldspaziergang machen. Unser Tipp ist das Wäldchen zwischen den beiden Campingplätzen von Wenningstedt und Kampen mit seinem neuen Fitness-Parcours.

Wattwandern

Eine Wattwanderung gehört zu den beeindruckendsten Sylt-Erlebnissen. Allein sollte man allerdings nicht ins Watt gehen. Am besten schließt man sich einer der vielen angebotenen Wattführungen an, deren Leiter den Teilnehmern auch naturkundliche Informationen vermitteln (z. B. Erlebniszentrum Naturgewalten in List, siehe S. 290). Auf jeden Fall sollte man sich über die Hoch- und Niedrigwasserzeiten aus dem Gezeitenkalender informieren und seine Wattwanderung am besten ca. zwei Stunden vor Niedrigwasser beginnen. Nach dem niedrigsten Stand der Ebbe läuft das Wasser wieder allmählich auf, sodass man dann keine das Watt durchziehenden

Hans Jessel
Das große Sylt-Buch
396 S. mit 375 Abb.

Fließgewässer (Priele) zwischen sich und dem Land haben sollte. Diese füllen sich bei Flut zuerst und können als inzwischen angefüllte, reißende Wasserläufe den Rückweg zum Land abschneiden. Auch Schlicklöcher und Treibsandfelder sind mögliche Gefahrenstellen, an denen man tief einsinken kann. Bei schlechtem Wetter, Dämmerung, Nebel oder Gewitter darf man sich auf keinen Fall im Watt aufhalten. Gummistiefel mitnehmen!

Wellenreiten

Gerne lassen sich die Sylter Wellenreiter bewundern, wenn sie versuchen, die Brandung auf ihren Boards zu meistern. Unser Tipp: Einfach mal selbst ausprobieren (am besten bei Angelo Schmitt in Rantum, 04651 3383758).

List und Ellenbogen

Über den 55. Breitengrad

Fahren Sie mit dem Rad einmal rund um Deutschlands imposanteste Wanderdünenlandschaft, von der Thomas Mann schrieb: „Man glaubt in der Sahara zu sein." An der Jugendherberge List das Rad abstellen und über den Dünenwanderweg ins Naturschutzgebiet Sylt-Nord mit dem Listland, das fast 18 Quadratkilometer groß ist, hineinwandern. Auf der Aussichtsplattform erwartet Sie ein grandioses Panorama. Übrigens: Bei dem Abzweig zur Alten Listlandstraße kurz nach der Siedlung Westerheide überquert man den 55. Breitengrad.

Einmal um den Ellenbogen

Der Ellenbogen ist nicht nur die nördlichste Spitze Deutschlands, sondern auch ein traumhaftes Naturparadies. Wer das Gebiet zu Fuß erkunden will, kann im Lister Hafen zu einer etwa 20 Kilometer langen Rundwanderung aufbrechen. Gleich hinter der Wattenmeerstation (Hafenstraße 43) beginnt der Weg durch die Dünenlandschaft, auf dem sich immer wieder großartige Ausblicke auf den Königshafen eröffnen. Diese Bucht verdankt ihren Namen einer Seeschlacht im 17. Jahrhundert, aus der ein dänischer König siegreich hervorging. Rad- und Autofahrer können auf der Privatstraße bis zum Parkplatz am Ellenbogenende fahren (Maut 5 € für Autofahrer) und eine gut einstündige Fußtour um die Ellenbogenspitze machen. Oder Sie parken vor der Mautstelle an der Weststrandhalle und beginnen dort die Ellenbogen-Wanderung (dann ca. 14 km).

Das nördlichste Gebäude Deutschlands

Auf dem äußersten Zipfel des Ellenbogens steht der Leuchtturm List West. Seine Höhe beträgt nur elf Meter. Er ist weiß mit roter Laterne und arbeitet seit 1977 ferngesteuert. Wie der 2,7 Kilometer entfernte Leuchtturm List Ost wurde er 1856 bis 1857 noch zu dänischer Regierungszeit aus gusseisernen Segmenten gebaut. Er ist Deutschlands nördlichstes Bauwerk.

Erlebniszentrum Naturgewalten Sylt

Hafenstraße 37
25992 List/Sylt
04651 836190
www.naturgewalten-sylt.de

Das Lister Erlebniszentrum Naturgewalten vermittelt kleinen und großen „Forschern" auf 1500 Quadratmetern Einblicke in den Lebensraum Wattenmeer, die Kräfte der Nordsee und das Klimageschehen. Wer wissen will, wie die Insel „funktioniert" und welche Rolle der Mensch dabei spielt, sollte einen Besuch einplanen. Hier erfährt man auch, warum es im Sylter Watt mittlerweile von Austern nur so wimmelt. Bei einer vom Erlebniszentrum angebotenen geführten Wattwanderung zu den Lister Austernbänken kann man sich selbst davon überzeugen.

Sylter Royal

Die Vitaminbombe aus dem Nationalpark Wattenmeer ist die einzige deutsche Auster. Online kann
man sie bestellen bei Dittmeyer's Austern-Compagnie; in Dittmeyer's „Austernstube" am Hafen, aber
auch im Strandbistro „Lister Austernperle" (siehe
S. 286) am Oststrand kann man sie in List direkt in
allen Variationen verkosten. Am besten schmeckt sie
pur. Wie der Schampus oder das kühle Blonde dazu.

Dittmeyer's Austern-
Compagnie mit „Austern-
Stube"
Hafenstraße 10–12
25992 List/Sylt
04651 870860
www.sylter-royal.de

Als Erster mit dem Flugzeug um die Welt

In List, auf dem schönsten Friedhof der Insel – und
dem nördlichsten in Deutschland –, versteckt in
einem Dünental, hat der Flieger Wolfgang von Gronau (1893–1977, Foto S. 202) seine letzte Ruhe gefunden. Er gilt als der deutsche Charles Lindbergh, weil
er als Erster 1930 mit einem Dornier-Flugboot
namens „Wal" den Atlantik in Ost-West-Richtung
überflog. 1932 umrundete er mit dem „Wal" die Erde.
Seine Leistung fand weltweit große Beachtung.

Friedhofstraße
25992 List/Sylt
www.st-juergen-list.de

Mit der Fähre von List nach Röm

Wer den Blick auf den Lister Ellenbogen mit einem
original dänischen Hotdog kombinieren möchte, der
ist an Bord der MF „SyltExpress" richtig. Die Fähre
eignet sich nicht nur für die Anreise nach Sylt, sondern auch für einen Kurztrip auf die Nachbarinsel
Röm.

www.syltfaehre.de

Akademie am Meer
Klappholttal
25992 List/Sylt
04651 955-0
www.akademie-am-meer.de

Klappholttal

Etwas versteckt an der ehemaligen Trasse der Inselbahn (heute Radweg) zwischen Kampen und List, direkt hinter dem Weststrand inmitten der einmaligen Dünenlandschaft, liegt Klappholttal. Der friesische Name bedeutet wörtlich „Klappholz-Tal". Klappholz ist das durch Wind und Wetter „zusammengeklappte" Nadel-Unterholz. In ausgedienten Militärbaracken gründete der Kampener Arzt Knud Ahlborn 1919 das „Freideutsche Lager Klappholttal", aus dem sich die Akademie am Meer entwickelte, eine der ältesten Volkshochschulen in Schleswig-Holstein – mit eigenem, 7,5 Hektar großem Dünengelände und FKK-Strand. Die Gäste wohnen in schlichten Einzel-, Doppel- oder Mehrbetthäusern, die nach Gestirnen und Meeresgöttern benannt sind. Die Vorträge und Konzerte im Sommerhalbjahr stehen auch externen Besuchern offen. Besonders empfehlenswert: die traditionelle „Paluccawoche" im Juli, wenn die Paluccaschule aus Dresden vor der untergehenden Sonne am Strand ihre Tänze aufführt.

Kampen

Auf dem Roten Kliff

Das rauschende Meer unter sich, ein unendlich weiter, heller Himmel darüber. Der Westwind treibt die salzhaltige Luft in die Lungen. Ein Bad für Körper, Geist und Seele. Machen Sie eine Wanderung von Kampen nach Wenningstedt und/oder zurück. Am frühen Morgen und kurz vor Sonnenuntergang ist es hier am schönsten.

Sonnenuntergang auf der Uwe-Düne

Den Sonnenuntergang genießt man am besten mit einem Gläschen Wein auf der Uwe-Düne in Kampen. Die Aussichtsplattform liegt 52,5 Meter über dem Meeresspiegel, was das Naturschauspiel um ein paar Minuten verlängert.

Auf den Spuren Kampener Künstler

Auf ungewöhnliche Art werden in Kampen Künstler und Kunstschaffende geehrt, die sich mit dem Ort verbunden fühlten und ihn bekannt gemacht haben. Insgesamt 22 Bronzeguss-Platten mit Zitaten von Max Frisch, Siegward Sprotte, Ernst Rowohlt und anderen finden sich an einigen der schönsten Stellen Kampens.

Begleitbuch und Infos:
Tourismus-Service Kampen
04651 46980
www.kampen.de

Boule spielen im Avenarius-Park

Trotz der höchsten Grundstückspreise der Republik gibt es mitten in Kampen eine große freie Fläche. Der Avenarius-Park – benannt nach dem Schriftsteller und Naturschützer Ferdinand Avenarius (1856–1923) – ist ein Kleinod mit Obstbaum-Allee, Naturwiese und Teich. Clou: ein „Boulodrome", das professionelle Boulespieler vor Neid erblassen lässt.

Lister Straße 100
25999 Kampen/Sylt
04651 871077
www.soelring-foriining.de

Vogelkoje Kampen

Noch vor hundert Jahren bereicherten Wildenten den ansonsten eher kargen Speiseplan der Sylter. Gefangen wurden sie in speziellen Entenfanganlagen, sogenannten Vogelkojen. Die Anlage nördlich von Kampen ist originalgetreu rekonstruiert und liegt inmitten eines urwaldähnlichen Naturschutzgebiets direkt am Wattenmeer. Geöffnet Ostern bis Oktober.

Kupferkanne
Stapelhooger Wai 7
25999 Kampen/Sylt
04651 41010
www.kupferkanne-sylt.de

Wo immer Saison ist

Fernab vom Trubel, beinahe versteckt gelegen, ist die „Kupferkanne" nach wie vor und zu jeder Jahreszeit ein Ort der Ruhe und des Genießens. Wo sonst kann man aus einer Kiefernlandschaft aufs Wattenmeer schauen – bei Kaffee und Kuchen, der seit den 1950er-Jahren in der hauseigenen Backstube nach traditionellen Rezepten hergestellt wird. Neben dem Schriftsteller Ernst von Salomon strandete 1949 hier auch Günter Rieck, der Gründer der legendären „Kupferkanne". Anfangs war es eine Bar, in der sich bald die Prominenz traf. Es wurden Kiefern gepflanzt

und ein Park angelegt. Aus der Bar ist die „Kupferkanne" mit ihrem herrlichen Kaffeegarten entstan-
den. Ein Treffpunkt für Jung und Alt, für alle, die die
Insel lieben.

Kurhausstraße 23
25999 Kampen/Sylt
04651 98960
www.walters-hof.de

Hotel Walter's Hof

Seit mehr als 30 Jahren ist das elegante Hotel mit
dem fantastischen Blick auf die Kampener Heide
und die Nordsee zu jeder Jahreszeit eine Reise wert.
Großzügige Zimmer warten auf Sie, mit viel Liebe
zum Detail und einer hohen Ausstattungsqualität.
Sehr gutes Frühstück mit Meerblick und Bioproduk-
ten. Hier kümmert sich noch der Chef, der auch Prä-
sident des Sylter-Gourmet-Festivals ist, persönlich
um seine Gäste. Und im Restaurant „Tappe's" wird
mit vielen frischen und regionalen Produkten
gekocht.

Wenningstedt

Die schönste Friesenhaustür

Das Haus der Walfängerfamilie Teunis steht am
Rand des Wenningstedter Dorfteichs. Die wunderschöne Tür darin (Abb. S. 30 oben) wurde zur Zeit
des Hausbaus von einem Schiffszimmermann im
Jahr 1786 angefertigt. Glücklicherweise konnte der
rechte Flügel der Tür, als das Haus 1923 vom Blitz
getroffen wurde und niederbrannte, vor den Flammen gerettet werden. Die Restaurierung des anderen
Teils wurde so fachgerecht durchgeführt, dass ein
Unterschied nicht mehr zu entdecken ist.

Aus der Steinzeit: Hünengrab Denghoog

Das nördlich der Kapelle von Wenningstedt gelegene Großsteingrab Denghoog gehört zu den bedeutendsten Gräbern aus der Steinzeit in Nordeuropa. Die seit den 1930er-Jahren begehbare, vom Sylter Verein (Söl'ring Foriining) betreute Anlage stammt aus dem vierten vorchristlichen Jahrtausend und wurde aus Findlingen errichtet, die bis zu 18 Tonnen wiegen. In der 15 Quadratmeter großen Grabkammer wurden Reste einer Leiche, ein Rinderzahn, Tongefäße, Beile und Bernsteinperlen gefunden (heute teilweise im Landesmuseum Schloss Gottorf, Schleswig; Kopien im Keitumer Heimatmuseum). Früher gelangte man nur durch einen sechs Meter langen Gang in die Grabkammer. Geöffnet April bis Oktober, im Winter nach Vereinbarung.

Am Denghoog
25996 Wennigstedt-Braderup
Infos und Öffnungszeiten:
04651 32805
www.soelring-foriining.de

Braderup

Sonnenaufgang am Weißen Kliff

Am Rand der Braderuper Heide findet sich das 15 Meter hohe Weiße Kliff, eine Dünenlandschaft in der Übergangszone zum Wattenmeer. Für Frühaufsteher ist der Sonnenaufgang ein wirkliches Erlebnis, vor allem dann, wenn tiefe Ebbe herrscht. Dann glitzert der Wattboden goldbraun – und die Vogelwelt begleitet den werdenden Tag mit fröhlichem Gesang.

Braderuper Heide im August

Auf der windabgewandten Seite der Insel, zwischen Kampen und Braderup, erstreckt sich das Naturschutzgebiet Braderuper Heide. Besonders im August, wenn hier die Heide blüht, ist es einen Besuch wert. Aber auch in anderen Jahreszeiten, vor allem wenn die Dünenrosen blühen, ist die Landschaft von einem zarten Duft überzogen, der unvergesslich bleibt.

Keitum, Morsum, Archsum

Wanderung bei Sonnenaufgang

Wer Sylt abseits des Touristentrubels erleben möchte, muss früh aufstehen und gut zu Fuß sein. Ein echtes Erlebnis ist ein Sonnenaufgang am Wattenmeer – am besten beim Spaziergang von Keitum bis Archsum und zurück.

Altfriesisches Haus

Wer die Kulturgeschichte der Insel hautnah nacherleben möchte, der sollte das „Altfriesische Haus" in Keitum besuchen. In dem 1739 errichteten Friesenhaus hat der Sylter Heimatforscher und Chronist C. P. Hansen seit 1850 eine Sammlung aufgebaut, die einen Eindruck davon gibt, wie man früher auf Sylt arbeitete und lebte. Besonders eindrucksvoll in dem weitestgehend ursprünglich erhaltenen Gebäude ist der Alkoven, in dem die Insulaner auf kleinstem Raum im Sitzen die Nacht verbrachten.

Am Kliff 13
25980 Keitum/Sylt
04651 31101
www.soelring-foriining.de

Sylter Heimatmuseum

Direkt neben dem „Altfriesischen Haus" weisen zwei riesige Walzähne den Weg zum Sylter Heimatmuseum, das sich in einem weiß getünchten reetgedeckten Friesenhaus befindet. Nehmen Sie sich Zeit, denn hier sind nicht nur prähistorische Funde aus der Frühgeschichte des Morsum-Kliffs und der Insel zu sehen, sondern Trachten und Schmuck, Mobiliar und bäuerliches Werkzeug informieren auch über die friesische Kultur. Die Geschichte der Seefahrt mit Schwerpunkt auf dem Walfang wird ebenso präsentiert, wie es eine Würdigung großer Sylter Persönlichkeiten (Walfänger, Heimatdichter etc.) gibt. Darüber hinaus wird auch das Andenken an den Maler und Fotografen Magnus Weidemann (1880–1967, S. 77 links) gepflegt.

Am Kliff 19a
25980 Keitum/Sylt
04651 32805
www.soelring-foriining.de

Ev.-luth. Kirchengemeinde
St. Severin
Pröstwai 20
25980 Keitum/Sylt
04651 31713
www.st-severin.de

St. Severin

Schon von Weitem ist ihre markante Silhouette zu erkennen. Die St. Severin steht abseits des Ortes Keitum auf der höchsten Erhebung des Sylter Geestkerns. 1240 wurde sie erstmals urkundlich erwähnt, doch die Errichtung des Dachstuhls kann schon auf das Jahr 1216 datiert werden. Damit ist sie der älteste Sakralbau Schleswig-Holsteins. Das Besondere an St. Severin ist der Innenraum mit einer Empore, dem Taufstein aus dem 12./13. Jahrhundert und dem dreiteiligen Schnitzaltar aus der Spätgotik. Und die Atmosphäre, die dieser Raum ausstrahlt.

Der Friedhof der Verleger

Sylt zieht nicht nur die Lebenden magisch an, sondern auch die Toten. Auf dem Friedhof der Keitumer Kirche St. Severin haben nicht nur namhafte Sylter Kapitänsfamilien ihre letzte Ruhe gefunden, sondern auch Persönlichkeiten des öffentlichen Lebens wie die Verleger Rudolf Augstein und Peter Suhrkamp.

Sylter Feuerwehrmuseum
C.-P.-Hansen-Allee
25980 Keitum/Sylt

Das kleinste Museum der Insel

In dem ehemaligen Spritzenhaus der Keitumer Feuerwehr (erbaut 1906) ist das gerade einmal 60 Quadratmeter große Sylter Feuerwehrmuseum untergebracht. Ob Uniformen, Helme oder Handdruckspritzen – viele Feuerwehr-Utensilien der letzten 130 Jahre sind hier zusammengetragen. Geöffnet April bis Oktober dienstags 10.30–13 Uhr.

Alles Käse

Am Rand von Keitum liegt dieses kleine Käselädchen, in dem neben dem besten Ziegenkäse auch Eier, Brot und Biowurstspezialitäten angeboten werden. Einst stammte die Milch direkt vom Hof, heute kommt sie von einer Herde, die auf dem Festland grast. Der Ziegenfrischkäse ist cremig und zart gewürzt. Aber es gibt inzwischen auch Rohmilchkäsesorten, leckere Marmeladen und Honig, alles von der Insel. Auf der Wiese vor dem Haus kann man sich an zwei Holztischen niederlassen: Tipp: Eingelegter Ziegenkäse mit Knoblauch und Olivenöl, dazu frisches Brot. Köstlich!

Das friesische Käselädchen
Siidik 6
25980 Keitum/Sylt
04651 967441

Genuss-Shop Keitum

Gurtstig 2
25980 Keitum/Sylt
04651 967779-0
www.johannesking.de/
genuss-shop-keitum

Direkt am Eingang von Keitum, in einem schmucken weißen Friesenhaus, hat der 2-Sterne-Koch Johannes King sein Genuss-Paradies eröffnet. Getreu dem Motto „Gutes Essen und Trinken gehört zum Besten, was das Leben zu bieten hat" wird hier all das präsentiert, was Körper und Geist kulinarisch guttut. Hier können Sie einkaufen, etwas essen oder sich per Lieferservice ein fertiges Menü kommen lassen. Alle Zutaten sind frisch und aus der Region. Ob im Bistro oder auf der Terrasse: Lassen Sie sich einfach mal verwöhnen!

Weidemannweg 3
25980 Keitum/Sylt
04651 32150
www.fisch-fiete.de

Fisch Fiete

Seit Jahren eine Institution. Und wahrlich kein Geheimtipp. Dennoch: Wenn Sie einen Platz in einer der gemütlichen Stuben mit Delfter Fliesen reservieren oder an einem schönen Sommertag im Garten sitzen und speisen können, dann fühlen Sie sich in diesem traditionsreichen Fischlokal rundum wohl. Besonders zu empfehlen: der selbstgemachte Kartoffelsalat mit einer frischen Seezunge oder einer Scholle. Oder Aal grün in Dillsoße.

St. Martin
25980 Morsum/Sylt
www.kirche-morsum.de

Spätromanik in Morsum

Etwas abseits des Ortes steht das kleine turmlose Gotteshaus, das 1240 erstmals urkundlich erwähnt wurde. Chor und Apsis des weiß getünchten Baus haben ihre ursprüngliche Form noch weitgehend bewahrt. Besonders beeindruckend sind das über 1000 Jahre alte Weihwasserbecken sowie der aus der Mitte des 13. Jahrhunderts stammende Taufstein. Auffälligstes Inventar des mit einer Holzbalkendecke abgeschlossenen Innenraums sind die aus der Spätgotik datierenden Figuren des Flügelaltars. Im Mittelschrein hält Gottvater den toten Christus, flankiert von den Bischöfen St. Severin und St. Martin, der diesem auf einer Geesthöhe gelegenen Kirchenbau seinen Namen gab.

Morsum-Kliff

Ob mit dem Fahrrad oder zu Fuß: Wer etwas über das Alter der Erde erfahren will, der sollte den Weg hierhin nicht scheuen. Das Morsum-Kliff repräsentiert eine Zeitspanne von 7 bis 8 Millionen Jahren. Sie erkennen die einzelnen schräg gestellten Formationen (roter Limonitkalkstein, heller Kaolinsand) an ihren unterschiedlichen Farbtönen. Bitte nichts mitnehmen und auch das Steilufer nicht besteigen!

Friesenkekse bei Ingwersen

Im Café Ingwersen einen heißen Friesentee und ein großes Stück Friesentorte genießen, das hat auf der Insel Tradition. Seit drei Generationen werden in der Backstube in Morsum Sylter Spezialitäten hergestellt: Heinrich Nielsen, Großvater des heutigen Inhabers Jürgen Ingwersen, gründete 1925 die Bäckerei und Konditorei. Die ersten Café-Gäste finden sich schon morgens zum Frühstück auf der sonnigen Terrasse ein. Mehr als 30 Teesorten stehen auf der Karte, alle Torten, Kuchen, Gebäcke und Brötchen kommen aus eigener Herstellung. Essbare Souvenirs von der Insel wie original Sylter Friesenkekse, original Sylter Kaffeegebäck oder Ihren Lieblingstee bekommen Sie im Laden vorn.

Terpstig 76
25980 Morsum
04651 823344
www.ingwersen-sylt.de

Norddeutsches Traditionsgebäck: Friesenkekse

Terpstig 15
25980 Morsum/Sylt
04651 890258
www.edda-raspe.de

Goldschmiedin Edda Raspe

Edda Raspe stammt aus einer Goldschmiedefamilie, in der das Know-how und die Liebe zu diesem Handwerk über Generationen weitergegeben wurden. Seit 1970 lebt und arbeitet sie in einem alten Friesenhaus in Morsum. Hier kann man auch ihre Kollektionen besichtigen und kaufen. „Ich nehme, was ich sehe. Dabei gilt meine Aufmerksamkeit den einfachen Formen aus der Natur."

Westerland und Tinnum

Musikmuschel in Westerland

Zweimal täglich (11 und 15 Uhr) kommen Musikliebhaber auf der Westerländer Promenade auf ihre Kosten. Von Mai bis Oktober wird die Musikmuschel bespielt.

Sylter Welle
Strandstraße 32
25980 Westerland/Sylt
04651 998111
www.sylterwelle.de

Für Regentage

Pflichtprogramm bei Regenwetter ist das Westerländer Freizeitbad „Sylter Welle". Badespaß und Saunavergnügen pur. Meerwasser, Wellenbecken und Rutschenturm sind die Highlights. Dazu gibt es eine große Saunalandschaft. Eingebettet in die Dünen von Westerland mit traumhaftem Blick auf die Nordsee. Geöffnet täglich 10–22 Uhr.

Spaziergang unter Wasser

Sylt-Aquarium
Gaadt 33
25980 Westerland/Sylt
04651 8362522
www.syltaquarium.de

Im Sylt-Aquarium können Groß und Klein einen Spaziergang unter Wasser unternehmen, ohne nass zu werden. Der 20 Meter lange gläserne Unterwassertunnel führt durch ein riesiges Becken mit Haifischen und Rochen, die ihre Bahnen über den Köpfen der Besucher ziehen. Natürlich tauchen sie auch ab in die Unterwasserwelt rund um Sylt. In 25 Schaubecken können Sie mit Glück vom gut getarnten Steinbutt bis zu farbenfrohen Seeanemonen vieles sehen, was im Meer lebt. Auch Fütterungen können „hautnah" beobachtet werden. Geöffnet ganzjährig täglich 10–18 Uhr.

Verwöhnen lassen wie Kleopatra

Syltness-Center
Dr.-Nicolas-Straße 3
25980 Westerland/Sylt
0180 5009980
www.syltnesscenter.de

Nach einer ausgiebigen Radtour oder einem langen Strandspaziergang kann man sich im 4500 Quadratmeter großen Syltness-Center in Westerland so richtig verwöhnen lassen. Gönnen Sie sich ein Hammam- oder ein Kleopatra-Bad oder eine Ayurveda-Massage.

Friedrichstraße 43
25980 Westerland/Sylt
04651 8550
www.hotel-miramar.de

Hotel Miramar

Seit 1903 steht das Belle-Epoque-Hotel direkt am Westerländer Strand. Bereits wenige Jahre danach baute die Familie die erste Strandpromenade und 1912 die Strandmauer zum Schutz des sturmflutgefährdeten Gebäudes. Das Entree beeindruckt mit schönster Jugendstileinrichtung. Die Aussicht aus den Zimmern und im Restaurant mit Meerblick ist spektakulär.

Süderstraße 8
25980 Westerland/Sylt
04651 27788
www.hotel-joerg-mueller.de

Restaurant Jörg Müller

Eine Gourmet-Institution auf der Insel. Jörg Müller bietet in seiner gemütlichen und gekachelten Friesenstube bodenständige Kost vom Feinsten an. Regionale Klassiker „überarbeitet" er kreativ. Besonders Fischliebhaber und Lammfans kommen voll auf ihre Kosten.

Weihnachtsbaden

Seit 1985 stürzen sich jedes Jahr am 26. Dezember Mutige ins Meer. Gebadet wird ab 14.30 Uhr in Westerland am Brandenburger Strand. Achtung: Die

Teilnehmerzahl ist begrenzt. Ab 13 Uhr kann man sich zum Spektakel anmelden. Nur frühzeitiges Erscheinen sichert die Teilnahme. Tausende schauen bei Bratwurst und Punsch zu.

Tinnumburg

Sie ist die am besten erhaltene der drei Sylter Burgen (die in Archsum wurde zerstört; die Rantumburg unter Dünen begraben). Die Ringwallanlage liegt am Rande von Tinnum, dort wo die flache Marschenlandschaft in den Geestrücken übergeht. Etwa um die Zeit der Geburt Christi wurde sie als germanische Kultstätte erbaut. Die Wikinger besiedelten sie und erbauten den bis zu sieben Meter hohern Ringwall, der einen Durchmesser von 120 Metern und einen Umfang von 440 Metern auf-

Tinnumer Wiesen, Zugang über Borigwai
25980 Tinnum/Sylt

307

weist. Da die Burg nur etwa zwei Meter über Normalnull liegt, ragte sie vor der Eindeichung des Gebiets von 1938 bei Sturmfluten wie eine Insel aus dem Wasser.

Rantum

Das Rantumbecken im Frühling
1936/37 wurde das Rantumbecken abgedeicht. Wegen seiner Bedeutung für die Vogelwelt wurde es 1962 als Naturschutzgebiet ausgewiesen. Eine Schleuse sorgte dafür, dass sich hier ein Biotop gebildet hat, der teils von Süß- und teils von Salzwasser beeinflusst wird. Entsprechend hoch ist die Zahl der Brutvogelarten. Insgesamt wurden hier mehr als 250 Vogelarten nachgewiesen. Der Säbelschnäbler ist der Symbolvogel des Beckens. Besonders im Frühjahr, wenn viele Arten hier brüten, kann es besonders laut werden.

Rantum/Wattseite
Neben dem faszinierenden Weststrand mit seinen Strandübergängen und dem unendlich langen Sandstrand ist vor allem die Wattseite von Rantum einen Besuch wert. Vom Südteil des Dorfes an der schmalsten Stelle der Insel geht ein wunderbarer Wanderweg durch eine einsame Dünenlandschaft direkt am Wattenmeer Richtung Hörnum. Am Abend leuchtet es kupferglänzend, riesige Wildgänseschwärme kreisen über eine sich stetig verändernde Landschaft. Völlige Stille, nur Vogelstimmen. Ein Traum.

Der Söl'ring Hof

Hoch oben auf der Rantumer Düne liegt das 5-Sterne-Hotel „Dorint Söl'ring Hof" (Foto S. 170). Eingebettet in die einmalige Natur Sylts hat man von hier nicht nur einen fantastischen Blick aufs Meer, sondern kann auch dem mit zwei Michelin-Sternen dekorierten Koch Johannes King und seinem Küchenchef Jan-Philipp Berner buchstäblich über die Schultern schauen. Vor allem saisonale Spezialitäten der Region werden zubereitet. King bietet auch Kochkurse an.

Am Sandwall 1
25980 Rantum/Sylt
www.soelring-hof.de

kunst: raum sylt quelle

Am Rand von Rantum mit Blick auf das Wattenmeer wird nicht nur ein gutes Mineralwasser (Sylt-Quelle) gefördert, sondern dort finden auch in einem attraktiven gläsernen Rundbau Kunstausstellungen, Lesungen und andere Veranstaltungen statt: Fotografie, zeitgenössische Kunst, neue Musik oder auch Lyrik werden hier präsentiert.

Hafenstraße 1
25980 Rantum/Sylt
04651 92033
www.kunstraum-syltquelle.de

Hörnum

Wegweiser für die Schifffahrt

Der Hörnumer Leuchtturm wurde zur Sicherung des Seewegs von 1906 bis 1907 auf einer 16 Meter hohen Düne errichtet. Bis dahin war die Südspitze der Insel noch fast unbesiedelt. Sie war das Revier für Strandungen und Strandräuber. Erst mit dem Beginn des Seebäderverkehrs wurde die Düneneinsamkeit erschlossen. Die Höhe des Leuchtturms beträgt 33 Meter, die „Feuerhöhe" 48 Meter. Bis zu einer Entfernung von über 19 Seemeilen ist sein Licht zu erkennen. In einem Zimmer des Hörnumer Leuchtturms war von 1927 bis 1933 Deutschlands kleinste Schule mit zwei bis fünf Schülern untergebracht. Seit 1977 wird der Turm ferngesteuert. Er kann nicht nur besichtigt werden, man kann dort auch den „Bund fürs Leben" schließen.

Willy füttern im Hörnumer Hafen

Die Kegelrobbe „Willy" ist seit Jahren die Attraktion im Hörnumer Hafen. Gerne lässt sich das Robbenweibchen (!) von Urlaubern mit frischen Heringen füttern, die diese gleich nebenan beim Fischhändler kaufen.

Wanderung um die Hörnum-Odde

Die Südspitze der Insel ist durch ihre exponierte Lage ganz besonders durch Sturmfluten bedroht. Allein durch den Dezember-Orkan Xaver von 2013 waren auf einer Länge von 200 Metern 20 Meter Landverluste zu beklagen. Alle Küstenschutzmaßnahmen wie Sandvorspülungen oder das Aufstellen riesiger Tetrapoden haben die dramatische Verkleinerung der Odde nicht verhindern können. Dennoch: Die 2,2 Kilometer lange Tour (Dauer etwa zwei Stunden) durch diese seit 1972 unter Naturschutz stehende Landschaft gehört einfach zu jedem Sylt-Urlaub.

Register

Abessinien (Strand) 85

Adler-Reederei 157, 238, 285

Akademie am Meer 85, 281, 292

Alaska 251

Alfred-Wegener-Institut für Polar- und Meeresforschung s. Wattenmeerstation

Alte Dorfstraße (Kampen) 80

Alte Listlandstraße 288

Altfriesisches Haus (Keitum) 31, 32, 35, 36, 37, 299

Am Denghoog (Wenningstedt) 189, 297

Amrum 37, 42, 93, 157, 232, 264, 280

Amsterdam 38, 81

Arche Wattenmeer (Hörnum) 172, 284

Archsum 52, 54, 55, 124, 125, 143, 146, 268, 298, 307

Austernbänke 182, 223, 233, 234, 263, 264, 265, 290, 291

Avenarius-Park (Kampen) 293

Bahnhöfe
– Morsum 144, 149
– Westerland 55, 137, 169, 176, 213

Bars
– Gogärtchen (Kampen) 183
– Pony (Kampen) 183

Beltringharder Koog 218

Berlin 9, 74, 76, 77, 78, 79, 82, 83, 91, 93, 94, 100, 102, 190

Berthin-Bleeg-Straße (Wenningstedt) 179, 187, 190

Bi Kiar (Wenningstedt) 189, 190

Blidselbucht 205, 264

Braderup 186, 298

Braderuper Heide (NSG) 185, 186, 189, 297, 298

Brandenburger Strand (Westerland) 13, 263, 264, 306

Braunschweig 99

Bremen 100

Bremerhaven 223, 230

Brunsbüttel 97

Budapest 81

Buhne 16 (Strand) 85, 281

Cafés
– Café Wien (Westerland) 285
– Ingwersen (Morsum) 144, 303
– Kupferkanne (Kampen) 184, 188, 189, 190, 294, 296
– Lund (Hörnum) 156, 173
– Nielsen's Kaffeegarten (Keitum) 117

Campingplätze
– Kampen 287
– Rantum 169
– Wenningstedt 287
– Westerland 281

Dänemark 42, 57, 71, 99, 114, 139, 148, 182, 204, 205, 206, 289, 290, 291

Darß 212

Das friesische Käselädchen (Keitum) 301

Davos 77

Deezbüll 36

Denghoog 58, 186, 189, 297

Dikjen Deel 55

Dikwai (Rantum) 174
Dirk-Brodersen-Straße (Wes-
    terland) 169
Dittmeyers Austern-Compa-
    gnie (List) 182, 291
Dornier-Werft (Friedrichsha-
    fen/Bodensee) 202, 291
Dresden 74, 75, 78, 91, 285,
    292
Düsseldorf 7, 190

Eiderstedt 72
Eidum 129, 169
Elbe 102
Ellenbogen 20, 81, 197, 203,
    205, 206, 207, 223, 230,
    251, 280, 281, 283, 289,
    290, 291
Erlebniszentrum Naturgewal-
    ten Sylt (List) 222, 227,
    228, 229, 230, 231, 233,
    234, 287, 290
Essen 91

Fanö 204, 205
Fassmer-Werft (Berne an der
    Weser) 224
Fennenweg (Kampen) 188
Feskerdam (Morsum) 148
FKK-Strände 85, 281, 292
Flensburg 99
Flughafen 129, 282, 284
Föhr 80, 157, 264, 280
Frachtenstegelk (Keitum) 15
Friedhof
– Keitum 123, 300
– List 202, 203, 291
Friedrichstraße (Westerland)
    6, 131, 213, 306

Gaadt (Westerland) 169, 305
Galerie Herold 282
Geltinger Bucht 91
Genuss-Shop (Keitum) 301
Golfplatz
– Budersand/Hörnum 153,
    156, 282
– Flughafen 282
– Kampen 189
Grand Canyon 218
Great Barrier Reef 218
Gret Palucca (Schiff) 81, 237,
    285
Grönland 30, 202
Grönning 188

Häfen
– Hörnum 153, 157, 172,
    173, 174, 264, 311
– List 182, 190, 203, 223,
    224, 228, 229, 237, 238,
    242, 289, 291
– Rantum 169, 175, 286
Hafenstraße (List) 289, 290,
    291
Hafenstraße (Rantum) 169,
    174, 286, 309
Hallig Hooge 37, 157
Hallig Langeneß 37
Hamburg 38,59, 71, 74, 89,
    101, 105, 155, 156, 172,
    190, 193, 224, 263, 268,
    269, 282
Hapag-Haus (Hörnum) 155
Harhoog 124
Haus Kliffende (Kampen) 74,
    82, 185, 188
Haus Uhlenkamp (Kampen)
    73, 75
Helgoland 56, 156, 206, 223,
    224, 227

Hiddensee 75, 78
Himmelsleiter 169
Hindenburgdamm 6, 57, 82,
  100, 121, 125, 130, 156,
  193, 213, 217, 218
Hoogenkamp (Kampen) 80
Hörnum 97, 153, 155, 156,
  157, 160, 161, 162, 163,
  169, 170, 172, 173, 193,
  263, 265, 281, 282, 284,
  285, 286, 308, 310, 311
Hörnumknob 232
Hörnum-Odde 6, 18, 60, 157,
  160, 161, 162, 164, 165,
  173, 251, 264, 280, 311
Hotels
– 54 Nord (Hörnum) 155
– Arosa (List) 206
– Budersand (Hörnum) 153,
   263
– Fährhaus (Munkmarsch)
   263
– Friesenhof (Wenningstedt)
   75
– Landhaus Stricker (Tin-
   num) 263
– Miramar (Westerland)
   129, 131, 132, 306
– Morsum Kliff (Morsum)
   149
– Seeberg (Westerland) 131
– Söl'ring Hof Sylt (Rantum)
   170, 264, 268, 271, 309
– Strandhörn (Wenningstedt)
   179
– Walter's Hof (Kampen) 296
– Zum Kronprinzen (Wen-
   ningstedt) 79
Hoyerschleuse 193
Husum 52, 115

Itzehoe 97

Jugendherbergen
– Hörnum 172
– List 288
Jütland 42

Kalifornien 93
Kampen 7, 10, 16, 42, 62, 67,
  73, 74, 75, 76, 78, 79, 80,
  81, 82, 83, 85, 101, 114,
  139, 167, 179, 180, 182,
  183, 184, 185, 186, 187,
  188, 189, 200, 201, 204,
  205, 243, 281, 282, 287,
  292, 293, 294, 298
Kampener Findling 183, 188
Kampener Heide 201, 296
Kampener Weg (Wenning-
  stedt) 189
Käpt'n-Christiansen-Straße
  (Westerland) 169
Kasino (Westerland) 131
Keitum 15, 29, 30, 31, 32, 35,
  36, 37, 43, 45, 54, 57, 58,
  77, 93, 111, 114, 115,
  116, 117, 121, 122, 123,
  124, 125, 139, 144, 175,
  263, 268, 282, 284, 297,
  298, 299, 300, 301, 302
Kellinghusen 105
Kiel 37, 97, 129, 213
Kirchen
– St. Christophorus (Wester-
   land) 169
– St. Josef (ehem. kath. Kir-
   che, Hörnum) 172, 173
– St. Martin (Morsum) 54,
   144, 145, 146, 302
– St. Niels (Westerland) 129

– St. Severin (Keitum) 54, 57, 117, 121, 122, 123, 125, 139, 144, 146, 175, 300
– Wenningstedter Kapelle 58, 297
Kirchweg (Wenningstedt) 190
Klanxbüll 217
Klappholttal 85, 281, 292
Königshafen 205, 206, 207, 264, 289
Kopenhagen 38

Leuchttürme
– Hörnum 153, 155, 160 (Quermarkenfeuer), 173, 174, 310
– Kampen 139, 179, 180
– List Ost 20, 206, 290
– List West 20, 206, 290
– Rotes Kliff (Quermarken-feuer) 184, 188

List 54, 56, 61, 67, 76, 81, 97, 98, 139, 153, 182, 190, 197, 200, 201, 202, 203, 204, 205, 206, 222, 223, 224, 227, 228, 229, 230, 237, 238, 242, 243 246, 263, 264, 265, 280, 281, 284, 285, 286, 287, 288, 289, 290, 291, 292
Lister Dünen 6, 197, 200, 201, 203, 222, 254
Lister Strandhalle (alte) 67, 204
Lister Tief 184, 232
Listland 200, 201, 204, 205, 206, 288
Loran-Station (Rantum) 172
Lüerhof (Kampen) 76

Meerwasserwellenbad s. Sylter Welle
Molfsee 36, 129
Morsum 52, 54, 55, 142, 143, 144, 145, 146, 148, 149, 151, 263, 266, 268, 302, 303, 304
Morsumer Heide 149
Morsum-Kliff 6, 139, 149, 150, 151, 299, 303
Morsum-Odde 144, 146
Muasem Hüs (Morsum) 149
München 74
Munkmarsch 193, 263
Musikmuschel (Westerland) 132, 304

Nationalpark Schleswig-Hol-steinisches Wattenmeer 170, 171, 291
Nebel (Amrum) 37
New York 92, 202
Nidden 81
Niebüll 36, 115, 193
Niederlande 89
Nordseeklinik 131, 281
Nordstrand 52, 218
Nössedeich 55, 146

Oberhausen 97
Oslo 81
Osthof (List) 204, 205, 206

Paris 81
Pellworm 52
Prag 83
Puan Klent 172

Rantum 54, 56, 61, 89, 90, 139, 153, 169, 170, 173, 174, 200, 240, 242, 261, 264, 269, 281, 286, 288, 308, 309

Rantumbecken 55, 146, 169, 171, 174, 175, 176, 308

Rantumburg 307

Rantumer Dünen (NSG) 170, 309

Rantumer Straße (Hörnum) 156, 284

Restaurants
– Alte Friesenstube (Wester-land) 169
– Austernperle (List) 286, 291
– Dittmeyers Austernstube (List) 291
– Fisch Fiete (Keitum) 302
– Gosch (List, Wenningstedt, Westerland) 190, 263
– Jörg Müller (Westerland) 263, 306
– Kai 3 (Hörnum) 263
– Kap Horn (Hörnum) 157, 264, 281
– Kleine Teestube (Keitum) 116
– La Grande Plage (Kampen) 187
– Morsum Kliff (Morsum) 149
– Richters Restaurant (Ran-tum) 170
– Samoa (Rantum) 286
– Sansibar (Rantum) 153, 171, 263, 286
– Sturmhaube (Kampen) 183, 187
– Südkap (Hörnum) 157, 264
– Sunset Beach (Westerland) 263
– Tappe's (Kampen) 296
– Theeknob (Hörnum) 172
– Tiroler Stuben (Rantum) 169
– Weststrandhalle (List) 204, 286, 289
– Wonnemeyer (Wennings-tedt) 180, 187, 263, 286

Risum-Lindholm 284

Röm 182, 291

Rosa Paluka (Schiff) 285

Rostock 286

Rotes Kliff 10, 16, 61, 62, 66, 101, 167, 180, 182, 183, 184, 187, 188, 292

Salzburg 105

Samoa (Strand) 85, 281

Sansibar (Strand) 85, 281

Schleswig-Holstein 91, 93, 94, 95, 162, 182, 292, 300

Schloss Gottorf (Schleswig) 58, 95, 297

Schnorhof (Morsum) 143

Schokoladenmanufaktur (Westerland/Tinnum) 285

Schutzstation Wattenmeer (Hörnum) 172, 173, 284

Schwarzwald 265, 269

Schweden 71

Seehundsbänke 172, 232, 238, 285

Serengeti 218

Skagen 99

Söl'ring Foriining (Sylter Ver-ein) 37, 148, 297

Stockholm 81

Stranddistelweg (Westerland) 169

Strandpromenade (Westerland) 9, 47, 66, 83, 129, 131, 132, 134, 209, 213, 214, 304, 306

Strandsauna 281, 286

Straßburg 77

Strönwai (Kampen) 183, 187

Süderheidetal 205

Südwäldchen 169

Syltair 284

Sylt-Aquarium (Westerland) 131, 169, 305

Sylter Feuerwehrmuseum (Keitum) 300

Sylter Heimatmuseum (Keitum) 58, 117, 297, 299

Sylter Welle (Westerland) 131, 304

Syltness-Center (Westerland) 305

Sylt-Quelle (Rantum) 169, 175, 309

Syltstadion 169

Takerwai (Keitum) 29, 45

Tierpark Tinnum 175

Tinnum 54, 55, 129, 175, 176, 263, 284, 285, 307

Tinnumburg 55, 176, 307

Tinnumer Straße (Westerland) 176

Tinnumer Wiesen 263, 307

Trift (Westerland) 169, 176

Üp Klef (Morsum) 149

Üthörn (List) 206

Uwe-Düne 182, 187, 293

Villa Wüstenfeld (Wenningstedt) 79, 80

Vogelkojen
– Eidum 169
– Kampen 204, 294

Wattenmeerstation (List) 222, 223, 224, 225, 226, 227, 228, 234, 289

Weimar 72, 75

Weißes Kliff 297

Wenningstedt 16, 30, 39, 58, 62, 66, 74, 75, 79, 80, 179, 186, 187, 189, 190, 256, 281, 286, 287, 292, 296, 297

Wenningstedter Dorfteich 256, 296

Wenningstedter Strand-Café 62

Westerheide 205, 288

Westerhörn (Keitum) 116

Westerland 6, 9, 13, 27, 36, 44, 47, 54, 55, 59, 61, 66, 67, 82, 85, 114, 129, 130, 131, 132, 134, 137, 169, 173, 175, 176, 193, 209, 213, 263, 264, 281, 285, 304, 305, 306

Westhof (List) 204, 205

Wien 81

Wilhelmshaven 92

Worpswede 72

Wyk auf Föhr 36, 284

Zürich 76, 78, 209

Bildnach-
weis

Trotz aller Bemühungen ist es uns nicht bei allen Abbildungen gelungen, die Rechteinhaber zu ermitteln. Wir bitten diese, sich gegebenenfalls mit dem Verlag in Verbindung zu setzen.

Impressum

Bibliografische Information der Deutschen Nationalbibliothek
Die Deutsche Nationalbibliothek verzeichnet diese Publikation in der Deutschen Nationalbibliografie; detaillierte bibliografische Daten sind im Internet über http://dnb.d-nb.de abrufbar.

ISBN 978-3-8319-0601-7

© Ellert & Richter Verlag GmbH, Hamburg 2015

Quellen:
Text auf S. 27 ff. aus: Georg Quedens, Was man über Friesenhäuser wissen sollte, Hamburg 2011
Text auf S. 186 ff. aus: Hermann Schreiber, Wo Sylt am schönsten ist, Hamburg 2015

Lektorat: Annette Krüger, Hamburg
Redaktion: Sophia B. Molter, Claudia Schneider, Sophie Torp, Hamburg
Gestaltung: BrücknerAping Büro für Gestaltung GbR, Bremen
Lithografie: SMS Scheer Medien Service GmbH, Bremen
Kartografie: THAMM, Bosau (Kartengrundlage OSM, ODbL V 1.0)
Gesamtherstellung: CPI books GmbH, Leck
www.ellert-richter.de

NORDSEE

Ellenbogen

Königshafen

NSG
Nord-
Sylt

List

Süderheidetal

NSG Kampener Vogelkoje

Nationalpark

NSG Nielönn

Kampen

Schleswig-Holsteinisches

NSG
Dünenlandschaft
auf dem
Roten Kliff

NSG
Braderuper
Heide

Wattenmeer

Wenningstedt

Braderup

Munkmarsch

WESTERLAND

Keitum

Tinnum

Hindenburgdamm

Archsum

NSG Morsum-Kliff

(→ Festland)

NSG
Baakdeel-
Rantum

NSG
Rantum-
becken

Morsum

Rantum Nord

Rantum

Morsum-Odde

Burgtal

NSG
Rantumer
Dünen

Nationalpark

Puan Klent

Schleswig-Holsteinisches

Wattenmeer

N

Hörnum

NSG
Hörnum-
Odde